KB155876

당신의 재테크 최선입니까?

이재철 지음

더난출판

추천의 글

항산항심(恒産恒心). 재물이 안정되지 않으면 바른 마음을 갖기 어렵다. 2,300년 전 맹자가 했던 말이다. 끝없이 성장할 것 같던 우리나라의 경제도 어느덧 선진국 초입에 진입하면서 성장세가 둔화된 지 오래다. 글로벌 경기도 끝을 가늠하기 어려운 침체 국면에 빠져 있다. 갈수록 어려워지는 지금의 경제상황은 어느 때보다도 큰 불안감으로 우리를 내몰고 있다. 맹목적인 저축과 투자만으로는 지금의 위기를 헤쳐 나가기 어렵다. 이제는 철저한 기준과 원칙에 의한 재무관리가 필요한 시대다. 모네타 수석 컨설턴트로 활동하고 있는 저자는 이 책을 통해 다년간의 경험과 상담 사례를 바탕으로, 실제 활용할 수 있는 재무관리 방법을 구체적으로 제시하고 있다. 소중한 자산을 지켜주는 좋은 길잡이가 될 책이다.

조철호, J 자산관리연구소장, 『돈을 디자인하라』 저자

저자는 2000년대 초만 해도 취재를 위해 나와 함께 스포츠 현장을 돌았는데, 나중에 보니 놀랍게도 재테크 전문가로 변신해 있었다. 그런 후배가 생소하기도, 대견하기도 했다. 물론 일말의 의구심은 남아 있었다. 그래서 직접 검증해보기로 했다. 우리는 재테크가 쉽지 않은 시대를 살고 있다. 특히 하루 종일 뉴스를 만드는 나 같은 직장인에게 재테크는 시도할 엄두조차 나지 않는 과제다. 부동산 시대는 이미 끝난 지 오래. 요즘 같은 초저금리시대에 예금에만 의존하는 건 재테크라고 보기 힘들다. 그래서 저자에게 상담을 받았다. 그랬더니 이튿날 내 상황에 가장 적절한 투자 포트폴리오를 보내온 것이었다. 방대한 데이터와 입체적인 분석을 토대로 아주 현실적인 노후 설계와 교육자금 마련 방법이 탄생했다. '좀 더 일찍 만났으면 좋았을 걸!' 하는 아쉬움이 들었다. 이 책은 기자를 접고 제2의 인생을 열기 위해 투자한 저자의 인생 그 자체다. 독자 스스로가 자신에게 가장 알맞은 재테크 방법을 찾는 데 큰 도움이 될 것으로 확신한다.

정지원, 채널A 보도본부 스포츠부장

재테크를 여러 해씩 해온 사람은 무척 많고, 시중에는 이런 사람들을 위한 재테크 책들도 많다. 하지만 재테크 경력자들이 해온 재테크를 진단하고, 리모델링을 통해 전반적인 개선 방향을 제안하며 향후 나아갈 길을 제시하는 책은 거의 보지 못했다. '뭔가 좀 더 잘할 수도 있을 것 같은데…'라고 고민하는 사람들을 위해 만들어진 이 책에는 한국인의 재테크에서 무엇이 문제인지, 이유는 무엇인지, 해결책은 무엇인지 등이 소상히 수록되어 있다. 여기에 실로 다양한 고객과의 실제 상담 사례가 다수 실려 있어 현실적인 감각 또한 심어준다. 저자의 월급쟁이 경험, 기자로서의 분석력, 컨설턴트로서의 실전 경험이 잘 묻어나는 책이다. 자신의 재테크를 점검하고 싶거나 앞으로 재테크를 더 잘하고 싶다면 가장 먼저 이 책을 읽기를 권한다.

우용표, 코칭&컴퍼니 대표, 『월급쟁이 재테크 상식사전』 저자

이 책을 읽으면서 한국에서 처음 직장을 다녔을 때가 생각났다. 당시 나는 재테크에 방향성도 없었고, 금융상품에 대한 이해도 적었다. 그런데 이 책에는 사람들이 다양한 상황에서 어떻게 재테크를 해왔는지, 문제가 있을 때 어떻게 방향을 바꿨는지 등 실생활과 밀접한 상담 사례가 풍부하게 실려 있다. '나도 재테크 리모델링을 해야겠다'는 생각이 들 만큼. 또 ETF에 대한 내용도 훌륭하다. 경험상 은행이나 증권사에 가면 수수료 낮은 ETF보다 펀드나 다른 상품을 많이 추천하는데, 결국 수수료 때문이 아닌가 하는 생각이 든다. 재테크에서 수수료는 아주 중요한 부분이라고 보는데, 그 차이가 10~20년 후에는 엄청나게 커지기 때문이다. 이 책을 보면서 목표의 중요성, 그리고 자신의 목표와 투자성향에 맞는 포트폴리오를 짜는 것의 중요성을 깨달았다. 열심히 일해서 재테크를 더 잘하고 싶은 욕구도 생겼다. 자신의 재테크를 진단하고, 더 좋은 재무상황을 만들기를 바라는 모든 사람에게 추천한다.

따루 살미넨, 방송인, Altoran Ltd. 대표이사

| CONTENTS |

프 롤 로 그

"제가 지금 잘하고 있나요?"

"제가 지금 잘하고 있는 건가요?"

지금껏 재무상담을 해오면서 가장 많이 받은 질문이다. 현재의 저축액은 적당한지, 1년 전 계약한 보험은 잘 가입한 건지, 최근 가입한 펀드와 주식은 전망이 좋은지, 노후자금 마련을 위해 포트폴리오를 짰는데 이게 제대로 된 건지. 그런가 하면 여기에 늘 붙어 다니는 질문이 있다.

"그럼 앞으로 어떻게 하는 것이 좋을까요?"

재무진단을 받고 나면 향후 재테크를 어떻게 해야 할지 물어보는 것은 인지상정이다. 최근에 시작했든, 수년에서 수십 년 전에 시작했든 마찬가지다. 국내외 경기 상황도 계속 변하고, 금융, 부동산, 세무 정책, 금융상품도 계속 개정되고, 사회적 인식이나 재테크 트렌드도 변화무쌍하니 자신의 재테크가 어떻게 흘러가고 있는 지 궁금할 수 밖에 없다. 회사에서 장기 프로젝트를 진행하며 주기적으로 중간점검을 실시하는 것과 비슷한 이치다. 이런 궁금증은 재무적으로 부족함 없이 살기 위한 본능적 욕구의 발로다.

나는 10여 년간 1,000명 이상의 고객을 상대로 재무상담을 해왔다. 대부분 자신이 해온 재테크에 대한 중간점검과 향후의 재테크 진로에 대한 가이드를 받아갔다.

5년 전 만난 한 고객은 "좋은 주식 몇 개 알려주세요"라고 종목 추천을 의뢰하기도 했고, 3년 전 상담했던 한 지인은 "자산이 별로 없어 상담받을 게 없다"고 푸념하기도 했다. 그러나 재무상담은 수익률을 높이기 위한 정보만을 얻는 과정이 아니다. 물론 주식 종목만 알려주고 끝낼 수도 있지만, 그런 건 주식 전문가인 증권사 PB(Private Banking, 은행이나 증권사에서 고객을 상대로 자산관리 서비스를 해주는 금융 포트폴리오 전문가)에게 물어보는 게 낫다.

재무상담의 궁극적인 목적은 재무상황을 더 좋게 만드는 것이다. 자산의 많고 적음과는 큰 상관이 없다. 현 상황을 개선하여 적은 자산이라도 효과적으로 증식할 수 있는 노하우를 알려주는 것이 재무상담의 목적이다. 그래서 향후의 여러 인생목표를 달성하기 위한 재무운영 방향을 설계하는 것이다.

나는 재테크 분야에서 일하기 전, 언론사에서 수년간 취재활동을 하면서 독자들이 어떤 부분들을 궁금해 하는지 꾸준히 파악했다. 또 중소기업과 인터넷 대기업에서 근무할 때는 일반 직장인처럼 월급을 가지고 조금이라도 높은 금리를 주는 예·적금을 찾아 가입하는 등, 늘 돈을 잘 굴리는 방법에 대해 고민했다.

2007년부터 본격적으로 재테크 분야에서 일하면서 재무상담, 강연회, 언론매체 기고, 방송 출연을 이어가는 한편, 고객 눈높이에 맞게 직접 금융상품과 포트폴리오를 설계하고 투자 상품을 중개하면서 금융상품에 대한 현실적 감각을 유지해왔다. 또 재테크 전문 포털사이트 모네타(www.moneta.co.kr)의 수석 컨설턴트로서 재무상담을 통해 미흡한 재무상황에 대한 개선 의견을 제시하는 멘토 역할을 해왔다. 더하여 사후관리를 원하는 사람에 한해 정기적으로 사후관리를 해주면서 그들이 원하는 방향으로 잘 나아갈 수 있도록 조력해왔다.

평범한 직장인으로서 부자가 되고 싶어 했던 갈망, 기자 출신으로서 독자들이 가진 궁금증의 핵심을 파헤치던 눈, 금융 컨설턴트로서의 상담·설계·중개 경험이 이 책을 집필하게 된 원동력이다.

시중 서점에 재테크 입문자를 위한 책은 많다. 반면 재테크를 최소 3~5년 해온 '재테크 경력자'를 위한 책은 적다. 또 재테크 노하우, 투자 정보와 관련된 정보 위주의 서적은 많지만 기존의 재테크를 점검해주고 나아갈 방향을 제시해주는 서적은 거의 없다. 이 책을 쓰게 된 계기다.

이 책을 통해 지금 우리가 하고 있는 재테크에 문제는 무엇이며, 이를 개선하려면 어떻게 해야 하는지를 여러 사례를 통해 안내하고자 한다. 지금까지 내가 재테크를 잘해왔는지, 개선해야 할 부분이 있다면 방법은 무엇인지, 여유자금이 있다면 연 4~8%가량의 기대수익으로 투자할 방도가 있는지 등 안정적 투자법이 궁금하다면 꼭 한 번 이 책을 읽어보기 바란다.

여기서 말하는 '경력자'란 자신이 직접 금융상품에 가입하거나 부동산에 투자한 사람을 말한다. 미성년자일 때 부모님이 보험이나 어린이펀드 같은 상품에 가입시켜줬는데 성인이 된 후에도 재무상황에 변함이 없다면 재테크 경력자라고 볼 수는 없다. 이 책이 향후 수년간, 그리고 수십 년간 이런 경력자들에게 효험 좋은 '맞춤형 재테크 처방전'이 됐으면 하는 바람이다.

재무상담에서 효과적인 투자법에 대한 문의를 상당히 많이 받는다. 수익을 많이 낼 수 있을 만한 주식이나 향후 유망한 펀드에는 무엇이 있는지, 단기에 수익을 많이 낼 수 있는 방법은 무엇인지. 그럴 때마다 나는 주식 등의 직접투자 상품 비중은 낮추고 펀드, ETF, ELS, ELB 같은 간접투자 상품 비중을 높일 것을 권한다. 뒤에서 상세히 설명하겠지만 개인은 정보량이나 자금력에서 늘 외국인과 기관에 뒤처져 그들의 들러리 역할만 하고 있다. 수익을 낼 확률도 적고 수익이 난다 해도 수익률이 많이 떨어진다. 그런 외국인과 기관의 힘을 이용할 수 있는 상품이 바로 간접투자 상품이다. 물론 기대수익률이 높은 만큼 위험성도 높기 마련이다. 따라서 눈높이를 최근 대세가 되고 있는 중위험·중수익에 맞춰 포트폴리오를 견실하게 구축할 필요가 있다. 중위험·중수익의 간접투자 상품이 내가 재무상담 때 가장 권하는 포트폴리오다.

그리고 실천이 없는 재테크는 아무 의미가 없다. 재테크 서적을 본 후 "감 잡았다"고 하는 사람은 여럿 있지만 내용을 실천하는 사람은 그리 많지 않다. 재테크 서적을 단지 지식을 쌓기 위한 수단으로만, 또는 교양서적으로만 접하려고 한다면 차라리 읽지 않는 것이 낫다. 재테크 서적은 백과사전이나 교양서가 아닌 100% 실용서로 생각해야 한다. 주식도 투자해야 수익을 낼 수 있고, 보험도 가입해야 보험금을 받을 수 있듯이 '이거다' 싶으면 실천해야 재테크다. 이 책을 보면서도 "바로 내 얘기야!" 하고 공감하는 부분이 있다면 바로바로 따라 하자. 만일 재무상담이 필요하다면 전문가에게 상담을 신청해보자.

끝으로 이 책이 잘 나올 수 있도록 도움을 주신 주식회사 리드피플스의 대출 전문 상담사 이민석 본부장님, 금융상품 판매 전문회사 에이플러스에셋의 이인애 팀장님에게 감사의 마음을 전한다.

1장

이게 최선입니까? 확실해요?

건강검진만큼 중요한 재무검진

다음 페이지의 표는 한 지인이 2015년 받은 건강검진 결과를 간단히 정리한 것이다. 그는 40대 남성 직장인으로, 3년 전 부장 자리에 오른 후 업무 스트레스와 술자리가 늘면서 몸에 이상을 느끼기 시작했다. 2년에 한 번씩 실시하는 사내 건강검진을 받은 결과 건강에 적신호가 켜지고 있었다.

우선 바쁜 업무로 운동 시간이 부족하다 보니 계속 살이 쪄 BMI(신체질량지수)가 비만을 의미하는 27에 이르렀다. 또 실적 스트레스로 인해 과민성 대장증후군까지 생겨 화장실을 찾는 일이 잦아졌다. 몸이 늘 피곤하다 보니 잠을 쫓기 위해 커피를 하루 세 잔씩 마시게 된 데다 회식 빈도도 늘어 주류·육류 섭취도 많아졌다. 회식 후에는 집에 가서 휴식 없이 바로 자는 바람에 2년 전부터 역류성 식도염까

건강검진표

건강위험요인 및 질환	현재 상태	건강상태		
		안전	경계	위험
비만	과체중		o	
음주	1주당 소주 0.5병	o		
흡연	-	o		
혈압(mmHg)	108/61	o		
혈당(mg/dl)	92	o		
LDL콜레스테롤(mg/dl)	123.2	o		
과민성 대장증후군			o	
역류성 식도염			o	

지 발생해 늘 가슴이 쓰리다. 흡연은 하지 않아 기관지 계통은 문제가 없는 것으로 나타났고, 하루 세끼를 다 챙겨 먹고 과일과 야채를 꾸준히 먹는 등 식생활 습관도 비교적 괜찮은 편이라는 것이 다행이긴 하다.

어찌 보면 우리 주변의 30~40대 남성 직장인에게서 흔히 나타나는 현상일 것이다. 이런 증세를 호전시키기 위해 의사가 내린 조언과 처방은 다음과 같다. 가장 먼저 개선해야 할 부분은 운동량이다. 조금이라도 짬을 내서 꾸준히 운동을 하면 비만 수치를 낮춰 큰 성인병을 방지할 수 있고, 수면의 질을 높여 만성 피로도 덜어낼 수 있다. 피로감이 덜 생기므로 커피 섭취량도 줄 것이고, 카페인 과다 섭취가 사라지니 역류성 식도염도 나아질 것이다.

또 커피는 하루 세 잔에서 두 잔, 한 잔으로 점점 줄이는 훈련을 해보라. 육류의 과도한 섭취가 대장과 비만에 좋지 않으니, 클라이언트와의 자리가 아닌 본인이 메뉴를 정할 수 있는 회식이라면 가급적 육류를 피하고 해산물 등을 택하는 것이 좋다. 만병의 근원인 스트레스도 운동이나 취미 활동으로 풀어보라. 마지막으로 역류성 식도염을 개선하는 데는 건강보조식품 프로폴리스를 추천하며, 몇 차례 병원을 찾아 대장 관련 진료를 받기를 권한다.

재테크 책에 웬 건강검진 이야기냐 하면, 우리가 금융 컨설턴트를 통해 받고 있는 재무검진이나 재무상담이 건강검진과 상당 부분 비슷하기 때문이다. 건강검진은 당장 아픈 곳이 없어도 혹시 몸에 이상은 없는지, 몸에 이상을 느꼈다면 무엇이 문제인지 체크해보기 위해 받는 것이다. 재무상담도 마찬가지다. 내 재무상황에 문제는 없는지, 금융상품은 잘 가입했는지, 수익률은 나쁘지 않은지 등을 재무검진을 통해 체크해본다. 결과에 문제가 있으면 개선책에 대해 조언과 처방을 받고 실행하는 것이다. 재무검진은 재무적인 강점과 약점을 파악하고, 약점으로 인해 재무상황이 악화되지 않도록 해결책을 제시하는 서비스다. 그렇기에 건강검진처럼 1~2년마다 점검하는 것이 좋다.

재무검진과 재무진단은 결코 어려운 개념도 아니고, 실생활과 동떨어진 것도 아니다. 우리는 몸에 이상을 느끼거나 혹시 모를 이상을 확인하고 싶을 때 스스로의 건강을 체크한다. 마찬가지로 재테크에 대한 궁금증을 느끼고 재무상황에 대한 개선책을 찾고 싶다면 자신의 재무현황을 꼼꼼히 재확인해볼 필요가 있다.

포트폴리오,
우리들의 평생 동반자

2010년, 나는 어느 30대 여성과 재무상담을 하며 "짜놓으신 포트폴리오 좀 보여주실 수 있나요?"라고 질문한 적이 있다. 하지만 그녀는 이렇게 대답할 뿐이었다. "포트폴리오는 부자들이나 짜는 것 아닌가요?"

이는 포트폴리오에 대한 대표적 선입견 중 하나다. 자산가들이 돈을 불리기 위해 은행이나 증권사 PB 센터를 통해 상담받으면서 짜는 게 포트폴리오라고 생각하는 사람이 적지 않다. 그러나 사실 포트폴리오는 금융상품에 두 개 이상 가입한 사람이면 누구나 갖고 있다. 목돈 마련을 위해 정기적금과 적립식펀드에 가입했다면 그것만으로도 금융 포트폴리오라고 할 수 있다. 평생 병원비 걱정 없이 살기 위해 실손의료보험, 암보험, 간병보험에 가입했다면 그것은 보험 포트폴리오다.

포트폴리오는 주로 디자이너나 사진작가들이 자기 작품을 모아놓은 작품집이라는 의미로 사용되는데, 금융에서는 '재무목표를 달성하기 위한 금융상품의 모음'으로 생각하면 된다. 목돈을 모으는 것과 불리는 것, 병원비 걱정 없이 사는 것 모두 재무목표다. 그리고 투자상품 포트폴리오라고 하면 금융뿐 아니라 부동산도 포함된다.

'짜놓은 포트폴리오를 보자'는 나의 제안은 정기적금, 적립식펀드, 보험, 청약통장, 주식 등 그동안 가입한 금융상품에 어떤 것이 있는지 전체적으로 보기 위함이었다. 재무목표 달성을 위해 담아놓은 금융상품 바구니의 전체적인 목록을 알고 싶었던 것이다. 예컨대 주식에 관심 있는 사람이라면 포트폴리오도 주식에 한정되어 있을 것이다. '삼성전자 1,000만 원, 현대차 500만 원, LG화학 300만 원'과 같은 식이다. 보험 포트폴리오 혹은 펀드, ETF, ELS 등의 간접투자 상품 포트폴리오도 마찬가지다.

일반적으로 포트폴리오는 불입 방식에 따라 적립식과 거치식으로 구분된다. 적립식은 매월 특정 기간에 특정 금액을 불입하는 방식으로, 예컨대 '정기적금 50만 원, 적립식펀드 30만 원, 실손보험 5만 원'과 같은 형태다.

거치식은 매월 불입하지 않고 목돈을 한꺼번에 또는 2~3회에 나눠서 불입하는 방식이다. '정기예금 3,000만 원, ELS 1,000만 원, 주식 500만 원' 같은 것이 그것이다.

이런 포트폴리오를 구성할 때 핵심 포인트는 '분산'이다. 위험을 줄이기 위해 여러 상품에 자산을 나누어 투자하는 것도, 목돈 마련을 위해 적금에 불입하고 청약권을 얻기 위해 주택청약종합저축 등 여러 상품에 가입하는 것도 분산이다. 반면 모든 자산을 한 종목에만 투자하면 분산이 아니다. 이는 포트폴리오라고 말하기에는 무리가 있다. 포트폴리오는 복수의 상품을 모아놓은 것을 일컫는 말이기 때문이다.

또한 포트폴리오에는 타이틀이나 지향점이 있는 것이 바람직하다. 이는 본인의 인생목표 또는 재무목표에 부합하도록 상품군을 구성해야 한다는 것이다. 이를테면 적금이나 적립식펀드에 가입하면서 '결혼자금용'이라는 타이틀을 붙이고, 연금보험이나 10년 만기 적립식펀드에 들면서 '노후자금용'이라는 타이틀을 붙이는 식이다. 이런 타이틀이 해당 상품에 가입한 이유이자 재테크의 지향점이 되어주는 것이다.

마지막으로 포트폴리오는 주기적으로 변화(갱신)해야 한다. 한 주식 종목에 10년 이상 장기투자하는 경우도 있지만, 투자 상품은 대부분 만기가 도래하거나 만족할 만한 수익률에 도달하면(또는 자신이 설정해놓은 손실률에 도달하면) 바꿔야 한다. '적금 50만 원, 적립식펀드 30만 원'이라는 포트폴리오도 평생 그대로 끌고 갈 수는 없는 노릇이다. 포트폴리오 갱신은 직접 할 수도 있고, 금융 전문가의 도움을 받을 수도 있다.

재테크를 하는 사람에게 포트폴리오는 평생의 동반자다. 한창 수입이 있을 때는 물론이고, 설령 은퇴를 했다고 해도 마찬가지다. 재테크를 하지 않는 시기란 없다. 매년 '내년에는 어떤 목표를 세우고, 어떤 취미생활을 주로 하지?'라고 주기적으로 고민하듯 재테크도 늘 고민하고 관리를 해야 하는 것이다.

리모델링,
부자로 가는 지름길

2000년대 초반 큰 인기를 끌던 TV 프로그램 중 〈러브 하우스〉라는 것이 있다. 장판, 벽지, 창호 등 집 안의 낡은 곳들을 보수해 새집처럼 꾸며주는 과정을 보여주는 프로그램이다. 3년간 별거 중인 부부의 집을 대상으로 시작했지만 이후 소년소녀 가장, 장애인, 복지시설을 대상으로 진행하면서 큰 반향을 일으켰고, 이후 주택 리모델링 붐을 일으키기도 했다. 2015년 12월에는 셀프 인테리어를 선보이는 프로그램 〈헌집줄게 새집다오〉와 〈내 방의 품격〉이 전파를 타면서 화제를 모으기도 했다.

주로 건축 쪽에 사용되던 리모델링 개념이 오래전부터 재테크 쪽에서도 사용되고 있다. '재테크 리모델링' '재무 리모델링' '자산 리모델링'이라는 명칭으로. 그런데 포트폴리오라는 단어처럼 '자산이 여유롭게 있는 사람'들이 주로 받는 서비스라는 선입견이 많다. 하지만 오래된 집을 살기 좋게 고치는 것처럼 재무 리모델링도 자산의 많고 적음과 상관이 없다. 지금의 재무상황에 대한 검진을 통해 도출된 문제점들을 개선해 더 좋은 재무상황으로 만들어주는 일종의 '재무 인테리어'다. 재무검진 과정을 통해 고쳐야 할 점들이 나오면 리모델링 서비스로 해결책을 제시받는 것이다.

재테크 분야에서 시행되는 리모델링 서비스에는 여러 가지가 있다. 재무상황이나 전체 자산에 대해 포괄적인 서비스를 받는 재무 리모델링이 있는가 하면, 가입한 상품들에 대해 진단·개선 의견을 받는 포트폴리오 리모델링, 주식 종목이나 보험에 대해 리모델링을 받는 주식 리모델링, 보험 리모델링 등이 있다.

이상의 내용을 토대로 재무상담 프로세스를 정리하면 '현 재무상황에 대한 정리 → 재무검진(포트폴리오 및 전반적 재무상황) → 리모델링 의견 제시 → 리모델링 실행'이다.

내 고객 중에는 스스로든, 재무상담을 받아서든 리모델링을 잘해 부를 축적한 경우가 많다. 주가가 자신이 설정한 손실률에 도달하면 미련 없이 **손절**하고, 부동산을 비롯한 투자 상품이 비전 없어 보이면 정리하면서 손실 폭을 줄이고, 정리해서 모인 돈으로 새로운 기회를 찾아 나선다. 이렇듯 투자 타이밍만큼이나 정리 타이밍도 중요하다. 또 장기투자만이 능사는 아니다. 장기 비전이 좋으면 오래 두는 게 좋지만 그렇지 않다고 판단되면 비전 좋은

> **손절**
>
> 예상한 손실률에 도달하면 손실을 감수하고 바로 매도하는 것. 예를 들어 '−20%를 손절 구간으로 삼았다'고 하면 수익률이 −20%에 도달하자마자 매도하는 것을 의미한다.

곳으로 바로 갈아타는 것이 맞다. 판단 후 과감한 실행 여부가 리모델링의 성패를 좌우한다.

수년 전부터 일간지에 게시되고 있는 '자산 리모델링'이라는 타이틀의 연재물을 참고하면 좋을 것이다. 단 일부 보험설계사들에 의해 재무 리모델링 서비스가 보험 실적을 올리기 위한 수단으로 변질되고 있다는 사실도 유념하자.

잘 고쳐지지 않는 재테크의 고정관념

다음은 2015년에 선풍적인 인기를 끌었던 드라마 〈응답하라 1988〉의 대사 중 일부다.

"좌우당간 목돈은 은행에다 딱 박아놓는 것이 제일로 안전하당께."
"아이고, 그 은행이자 얼마나 한다고."
"물론 뭐 금리가 쪼까 떨어져가꼬 한 15%밖에는 안 하지만, 그래도 따박따박 이자 나오고, 은행만 한 안전한 것이 또 없제."

택(박보검 분)이 바둑대회에서 우승 상금으로 받은 5,000만 원의 활용법을 놓고 성동일이 안전하게 은행 정기예금에 맡기자고 하자, 라미란은 금리가 너무 낮다고 타박한다. 정말 이런 시대가 있었다. 연금리 15%를 저금리로 느끼던.

그러나 지금은 이때와 비교도 안 되는 초저금리시대다. 2016년 1월초 기준으로 시중은행 정기예금의 금리는 1.3~1.4% 수준이다. 예금 금리가 1.4%면 세후 수익률은 1.18%다. 반면 2016년 예상 물가상승률은 1.5%다. 그러면 물가를 반영한 예금의 실질적 수익률은 1.18-1.5=-0.32%다. 물론 원금을 잃는 것을 좋아하는 사람은 아무도 없다. 하지만 원금 손실만큼이나 기회비용 손실이 아까운 상황이고, 이처럼 예금의 수익률은 물가만도 못한 수준으로 떨어져버렸다. 1997년 외환위기 전 10%를 상회하던 예금 금리가 역대 최저수준으로 낮아졌음에도 예금을 선호하는 현상은 여전히 강하다.

오래전부터 초저금리시대를 맞은 미국과 유럽에서는 재테크 포트폴리오에서 투자 상품이 차지하는 비중이 높다. 우리에게도 시대에 맞춰 재테크 패러다임을 '저축'에서 '투자'쪽으로 이동하는 '투자 마인드의 리모델링'이 필요하다. 아무리 복고 열풍이 분다고 재테크도 복고일 필요는 없다.

그런가 하면 아직도 '부동산 불패신화'에 젖은 사람이 많다. 목돈만 마련하면 대출을 일으켜 부동산에 투자하려는 것이다. 물론 부동산은 어느 정도 안정성을 갖춘 자산이긴 하다. 월세 물건만 잘 잡으면 평생 노후 걱정도 없고, 시세차익도 노릴 수 있다. 큰돈을 번 사람도 많고, 여전히 목돈 있는 사람에게 좋은 투자 대상임에는 틀림없다. 하지만 실패 사례도 꽤 많고, 대출은 엄청 했는데 부동산 가격이 폭락하기라도 하면 오랜 기간 빚을 갚느라 허덕이게 된다. 자산의 덩

치가 큰 만큼 환금성에 제약도 있다. 부동산 투자에 대한 맹목적 믿음, 즉 불패신화에 대한 지나친 집착은 버리는 것이 좋다.

그렇다고 주식이나 주식형펀드의 비중을 대폭 늘리자는 건 아니다. 예금과 부동산에 투자되어 있는 자산을 다른 곳으로 옮기자는 것이다. 이런 자산을 주식, 채권혼합형펀드, ETF, ELB, 사모펀드 등 다양한 금융상품 쪽으로 조금씩 이동시키면서 비슷한 비중으로 만드는 것이다. 그러면 안정성과 수익성, 유동성을 고루 갖춘 균형 잡힌 포트폴리오가 짜일 것이다.

부동산에 대한 고정관념 외에도 예나 지금이나 변하지 않는 것이 있다. 재테크가 일상생활의 큰 부분을 차지함에도 현재 자산 규모, 가입한 상품, 심지어 월 급여도 정확히 파악하지 못하는 경우가 많다. 어떤 상품이든 가입한 이유가 있어야 하는데 그마저 모르는 경우도 적지 않다. 효과적인 **재무설계**나 자산관리를 하기 위한 출발부터가 잘못된 셈이다.

한방을 노리기 위한 몰빵투자와 거기서 파생되는 투기 심리도 사회에 만연해 있다. 인정에 얽매여 아는 보험설계사들에게 불필요한 보험을 들어주는 경우는 우리 주변에 허다하다. 제1금융권에서 대출이 가능함에도 케이블TV에 수시로 나오는 제2금융권 광고를 보고 대출을 한 뒤, 과도한 이자에 시달려 상담을 신청한 사례도 있다. 재테크에 대한 교육과 지식 부족의 결과다. 또 노후자금은 40~50대 이후부터 준비하면 된다는 생각 등 인식의 리모델링이 필요한 부분이 많다. 2장부

재무설계

본인의 인생목표와 재무목표를 달성하기 위한 자금을 준비해가는 일련의 과정

터는 이처럼 우리들의 재테크에서 개선해야 할 점, 실제 사례, 그리고 금융사에서 잘 알려주지 않는 재테크의 묘수에 대해 이야기하고자 한다.

본론에 들어가기에 앞서 책 내용 중 일부에 대해 부연하고자 하는 부분이 있다. 예를 들어 '연평균 수익률 4%, 7%를 가정한다'는 표현이 나온다면, 이는 특정 상품에 투자해 매년 4% 또는 7%의 수익률이 나온다는 가정이다. 물론 실제 투자한 결과 이보다 더 높거나 낮은 평균 수익률이 나올 수도 있고, 3%, -5%, 7%, 8%, -1% 식으로 수익률에 편차가 생길 수도 있다. 계산의 편의상 이렇게 가정하는 것이니 오해 없기 바란다.

2장

당신의 재테크가 최선이 아닌 이유

이것도 모르고 있었다면 당신도 금융문맹!

"경제규모는 세계 11위(2015년 GDP 기준)로 선진국 수준이나 재테크는 개발도상국 수준이다." 내가 재테크 강연에서 자주 하는 말이다. 지금까지 1,000명 이상의 고객과 재무상담을 진행해왔는데, 만병에 시달리는 환자처럼 개선의 여지가 다분한 고객이 꽤 많았다. 급여와 자산의 많고 적음과는 별개다. 지식의 정도만을 이야기하는 것도 아니다. 재테크에 방향성도 없고, 자신의 의도와 상관없는 상품에 잔뜩 가입하고, 가입한 상품과 금융사 이름도 잘 모르는 사람이 많다는 것이다. 더 큰 문제는 알면서도 실행하지 않는 것이다. 상담 후 리모델링의 필요성을 느꼈음에도 귀찮거나 바쁘다는 이유로 실행하지 않고, 좋지 않은 습관을 쉽게 버리지 못하는 경우가 많았다.

이제부터는 그동안 수많은 상담을 통해 알게 된, 한국인들이 개선해야 할 대표적인 재테크의 문제점을 살펴볼 것이다. 혹시 자신도 이에 해당하지 않는지 유심히 살펴보고, 그렇다면 해결책으로 제시한 내용들을 실천해보기 바란다.

저축은행도 은행 아니야?

프로야구 마니아인 직장인 2년차 A 씨는 매일 퇴근 후 집에서 캔맥주를 마시면서 야구를 보는 것이 유일한 낙이다. 그는 어느 날 갑자기 돈이 필요해졌고, 저축은행에 찾아가 1,000만 원을 대출받았다. 1년 동안 대출 원리금을 갚던 A 씨는 어느 날 친구와 대화 도중 자신의 대출 금리가 꽤 높다는 사실을 알았다. 친구는 "아니 왜 은행이 아니라 저축은행에서 대출을 받았어?"라며 A 씨를 타박했다.

그래도 본전은 할 줄 알았지!

2년 전 은행에서 공시이율저축보험에 가입한 B 씨. 그는 결혼을 불과 5개월 앞두고 혼수를 마련하기 위해 저축보험을 해약하기로 했다. 이틀 후 은행에 찾아간 그는 깜짝 놀랐다. 지금 해약하면 원금의 88%만을 받을 수 있다는 것. "은행에서 판매하는 상품이니까 최소한 원금은 돌려받을 거라 생각했다"고 말한 B 씨는 2년 전 가입했던 저축보험의 상품설명서를 찾기 위해 집으로 걸음을 재촉했다.

나와 재무상담을 받았던 고객들의 실제 사례다. A 씨는 신용도가 나쁘지 않아 제1금융권에서 충분히 대출받을 수 있었다. 그런데도

TV에 빈번히 광고되는 저축은행 대출에 친숙해지자 저축은행을 찾아가 대출을 받았다. 그러면서 "시중은행이나 저축은행 대출 금리가 거의 같은 줄 알았죠"라면서 머쓱해했다. A 씨는 직장생활 2년 동안 적금이나 CMA조차 가입하지 않은 '금융문맹'이었다.

B 씨가 가입한 저축보험은 매월 빠져나가는 사업비로 인해 원금까지 도달하는 데 통상 5~6년이 걸린다. 은행에서 예·적금만 가입해오던 터라 저축보험에 '사업비'라는 것이 있는 줄 몰랐던 것이다.

세계 11위의 경제규모에 맞지 않게 우리들의 재테크 지식수준은 낮은 편이다. 국제신용평가사 스탠더드앤드푸어스(S&P)는 2015년 143개국을 대상으로 '세계 금융 이해력 조사'를 했는데 한국은 77위에 불과했다. 23위인 미얀마에도 한참 뒤지고, 66위인 우간다에도 밀렸다. 테스트를 받은 한국인의 33%만이 금리, 물가, 위험 분산 같은 금융의 기초를 묻는 테스트를 통과했다. 세 명 중 두 명은 금융문맹이었던 셈이다.

한편 중앙일보가 2015년 11월 전국 30~59세 남녀 1,000명을 대상으로 실시한 설문조사에 따르면 '금융지식이 스스로 충분하다고 생각하나'라는 항목에 63%가 '미흡하다'고 답했다고 한다.

이렇듯 금융 지식이 얕은 이유는 뭘까? 바로 학교 교육 때문이다. 현재 초등학교 공교육에서 재테크에 할애되는 시간은 6년을 통틀어 1시간도 되지 않는다고 한다. 어릴 적부터 돈에 대해 이야기하는 것을 경시하는 사회풍조 때문인 듯하다. 같은 설문조사에서 '학교나 직장에서 금융교육을 받아본 경험이 있나'라는 질문에는 75%가 '없다'라고 답했다고 한다.

잘 알려진 해외 부호들은 대부분 일찍이 경제 교육을 받기 시작했다고 한다. 미국의 석유왕 록펠러는 어릴 때부터 농사일을 하면서 한 시간에 10센트씩 받았고, 이를 저축하면서 경제 마인드를 키워갔다. 또 그의 2세, 3세, 4세들도 모두 어릴 때부터 이를 실천했다.

세계 인구의 0.2%에 불과하지만 세계 억만장자의 30%를 보유하고 있는 유대인들에게는 '바르미츠바'라는 성인식이 있다. 13세가 되면 치르는 행사로, 이때 어른들로부터 받은 축의금을 운용한 뒤 성인이 되면 본인의 종자돈으로 활용한다. 이런 조기교육은 금융에 강한 유대인들을 이끌어온 원동력이 되고 있다.

성공한 부호, 다른 나라의 이야기라고 치부할 수도 있는 얘기다. 하지만 우리가 어릴 적부터 재테크 교육이나 금융 교육, 아니 경제 교육만이라도 제대로 받았다면 지금 개인들의 부의 규모는 조금 달라졌을 테고, 적어도 위의 사례와 같은 일은 당하지 않았을 것이다.

미국은 매년 4월을 '금융교육의 달'로 지정해 국민들에게 금융 교육의 장을 만들어주고 있다. 원래는 청소년 대상이던 것을 2004년 전 국민 대상으로 확대했다. 그것도 한 달씩이나. 그러나 우리는 어떤가. 여러 금융사에서 투자 강연회, 재테크 세미나 등이 열리지만 사실 자사 상품의 마케팅을 위한 것이 대부분이다. 대학교에도 자산관리학과나 PB학과 같은 것이 존재하긴 하지만, 전공이 아닌 교양과목으로 수강할 수 있는 금융·재테크 과목은 부족한 편이다.

2015년 2월 금융감독원 조사에 의하면 우리나라 사람 중 금융상품 선택 시 다른 상품과 비교하는 사람은 23.7%밖에 되지 않는다. 관련 지식도, 자료도 부족하고 찾으려는 노력도 하지 않는 편이어서 금융사 직원이 권하는 상품에 바로 가입하는 경우가 대부분이다.

특히 외벌이 가정의 남편 중 금융에 무관심한 사람들이 많다. 업무량이 많아 시간을 내기 힘들기도 하지만, 아내가 알아서 해줄 거라는 믿음에 무관심하게 사는 경우도 많다. 그러나 무관심은 즉시 무지로 이어질 수 있다. 노인의 경우 문제는 더욱 심각하다. 입시 위주의 교육을 받은 데다 먹고살기조차 힘든 세대였던 탓에 금융 공부는 언감생심이었다. 국가에서 교육 기회를 제공하고, 그들 스스로도 금융 공부를 더 했다면 'OECD 국가 중 노인 빈곤율 1위'라는 불명예에서 벗어났을지도 모르는데 말이다.

해결책은 금융 조기교육

'경제' '금융' 하면 일단 어렵다고 생각하는 사람이 많다. 경제신문이나 일간지의 경제면을 아예 안 읽는 사람도 많다. 가정과 학교에서 경제를 가르치는 데 소홀했기 때문이다. 세 살 버릇 여든까지 간다고 했다. 어렸을 때 배운 좋은 습관은 평생의 길잡이가 된다. 따라서 금융도 조기교육이 필요하다. 학교에서 배울 수 없다면 부모가 알려줘야 한다. 금융문맹을 대물림하지 않기 위해 현재의 기성세대들은 지금부터라도 자녀들에게 경제와 금융 교육을 시작할 필요가 있다. 대부호나 경제학 박사를 만들진 않더라도, 최소한 경제와 금융에 친숙

함은 느낄 수 있게 해야 한다.

출발점은 자녀용 CMA 개설이 좋다. 유아 때 자녀에게 주는 용돈은 모두 CMA에 모아두자. 그런 후 유치원 또는 초등학교 때부터 CMA는 어떤 상품이고, 매년 CMA에 얼마가 모였고, 전년 대비 수익률이 얼마인지 자녀에게 알려주자. 그러면서 자연스레 복리의 원리를 설명해주자. 자녀를 위해 가입한 저축성 보험이나 적립식펀드도 연 1회 월 불입액, 적립금과 수익률 현황을 알려주면 어떨까. 펀드 이야기를 하다 보면 경제 이야기도 자연스레 따라붙는다.

그러다 자녀가 성인이 되면 그들을 위해 모은 돈을 건네주면서 대학 등록금을 내라고 하고, 남는 돈은 용돈으로 쓰거나 예금, 펀드, 주식 등의 재테크를 해보라고 조언할 수 있다.

또 경제 관련 동화나 만화를 읽히고 한 권 읽을 때마다 자녀에게 일정 금액을 주는 것도 좋은 방법이다. 그 돈을 채권형펀드나 채권혼합형펀드에 계속 투자하고, 그 성과를 알려주면서 경제관념이 몸에 배도록 해보자. 중고생 자녀에게 무엇을 가르쳐야 할지 고민된다면 《중앙일보》의 인기코너 '틴틴경제'를 읽혀주기를 권한다. 현재는 책으로도 출간되어 있어 서점에서도 구할 수 있다.

한편 성인들은 스스로 찾아서 공부하는 수밖에 없다. 우리 주변에는 경제와 금융의 기초부터 알려줄 교육의 장이 별로 없다. 때문에 본인 스스로 경제와 금융에 친숙해지려고 노력해야 한다. 먼저 재테크 입문자는 경제를 쉽게 풀어 쓴 책이나 재테크 입문서를 최소 한두 권 읽기를 권한다. 그러면서 경제신문이나 일간지의 경제면을 매일 조금씩 읽어보자. 책에서 이미 접했던 용어들을 보면서 경제신문과의 거리감을 조금씩 좁힐 수 있을 것이다. 경제신문은 재테크를 하는 사람에게는 아주 유용한 매체다. 글로벌 경기 동향이나 산업계 소식, 상품 정보, 재테크 팁 등 다양한 정보가 있어 금융·부동산 투자를 하는 사람은 꼭 볼 필요가 있다. 출퇴근 중 복잡한 지하철이나 버스에서 신문을 보기 힘들면 앱을 다운로드하자.

수년 이상 재테크를 해온 경력자들에게는 경제신문사에서 매년 주최하는 재테크 박람회를 추천한다. 향후의 전반적인 경기 동향과 좋은 투자 정보들이 많기 때문이다. 또 여러 증권사와 증권 방송에서는 주말마다 투자 강연회를 계속 실시하고 있다. 관심 있는 분야를 주제로 한 강연회가 있다면 발품을 팔아보는 것도 좋은 방법이다.

재테크 관련 온라인 카페나 블로그에도 유익한 정보가 많다. 이곳에서 최근 흐름에 맞는 재테크 팁과 신상품 관련 정보를 접할 수 있다. 단, 온라인에는 오로지 상품 판매만을 목적으로 하는 곳도 적잖으니 이런 정보들을 잘 여과해내는 지혜가 필요하다. 추천해볼 만한 곳이라면 '한국은행 경제교육' 사이트(www.bokeducation.or.kr/index.do)가 있다. 이 사이트에는 어린이 경제마을, 청소년 경제나라, 대학생·일반인 경제세계 등 여러 연령대의 사람들이 자기 수준에 맞게 경제를 공부할 수 있는 콘텐츠가 수록되어 있다.

교육과 공부는 무엇보다 본인의 의지가 중요하다. 스스로 경제·금융과 친해지려는 노력을 해야 재테크에서 좋은 성과를 낼 수 있다. 더 이상 미루지 말고 지금 당장 시작하자.

자신의 재무현황을 잘 모른다

다음은 2015년에 있었던 30대 초반 프리랜서 남성과의 재무상담 때 주고받은 대화다.

"세후 월 급여가 어떻게 되죠?"

"글쎄…… 매월 다르게 들어오는데요. 은행 앱 확인해볼게요."

"그럼 월 저축액은 얼마나 되나요?"

"따로 정리해놓은 것이 없어서 일일이 찾아봐야 해요."

"그렇다면 대략 어떤 상품들에 가입했는지 기억나시나요?"

"은행 직원이 적금, 펀드 가입을 권해서 들은 것 같고요, 보험은 어렸을 때 어머니가 친구 분을 통해 가입하신 것 같은데, 어떤 상품인지는 어머니한테 물어봐야 해요."

결코 특이한 경우가 아니다. 재무상담 때뿐 아니라 지인들에게도 질문을 던지면 심심치 않게 들을 수 있는 말이다. 재테크와 재무설계의 기본이 되는 세후 월 급여를 정확히 모르는 사람도 더러 있다. 고정된 수입이 발생하지 않는 프리랜서나 자영업자들은 특히 그렇다. 매월 힘들게 일한 노동의 대가를(적어도 3개월 이내의 것을) 기억하지 못하는 것이 의아하다.

가입한 상품 내역을 정확히 모르는 경우도 많다. 상담 중에 물어보면 종종 모바일 앱으로 상품명, 가입 시기, 월 불입액을 알려주곤 한다. 그나마 이렇게 앱을 쓰면 다행이다. 자산에 대해서도 주기적인 정리가 안 되는 경우가 많다. 재무상담을 진행하려다가 고객이 재무현황을 파악하는 데 꽤 많은 시간이 걸려 상담이 지연되거나 파악할 엄두를 못 내 상담을 포기하는 일도 있었다. "정리하다 보니 제가 이런 상품에도 가입돼 있었네요"라는 말도 여러 번 들었다.

주식은 등락폭이 큰 데다 단기투자를 하는 사람이 많아 하루에도 여러 차례 확인하는 사람이 많다. 그러나 다른 상품들은 정리와 관리가 되지 않고 있는 경우가 대다수다. 물론 자주 확인할 필요는 없다. 가계부처럼 수시로 정리할 필요도 없다. 예·적금처럼 원금이 보장되는 단기 상품은 만기 때만 체크하면 된다. 하지만 적어도 3개월 또는 6개월에 한 번씩은 투자 상품에 대한 중간 체크를 하며 자산 변화를 정리할 필요가 있다. 힘들여 일해 받은 돈으로 가입한 상품들이 어떻게 되고 있는지 궁금하지 않은가?

금융감독원은 2015년 2월 조사 자료에서 재무상황을 점검하고 금융상품에 대한 정보를 수집하는 노력을 나타내는 한국인들의 '금융 행위'가 100점 만점에 59점으로 미흡한 편이라고 평했다.

이렇듯 재무현황을 잘 파악하지 못하는 이유는 기록에 인색한 습관 때문인 듯하다. 월 급여와 지출, 자산 내역, 가입한 금융상품 등은 액셀이나 모바일 앱에 정기적으로 정리하는 것이 좋다. 그러나 대부분은 필요성만 느낄 뿐 실천하는 이는 많지 않다. 가입한 금융상품을 정확히 파악하지 못하는 데는 지인이 권하거나 은행 직원이 추천하는 상품에 아무 조사 없이 바로 가입하는 이유도 크다.

특정 상품에 가입하고 싶어 여러 경로를 통해 적극적으로 알아본 후 가입한 사람은 다르다. 해당 상품의 이름과 판매사, 가입 시기, 특징 등을 잘 알고 있다. 반면 수동적으로 가입한 사람은 상품의 특징을 금방 잊을뿐더러 잘 기록하지도 않는다. 미혼남녀 중에는 부모님이 금융상품에 대신 가입시켜주는 경우도 많은데, 이 또한 가입상품을 제대로 파악하지 못하는 큰 이유다.

일단 적고 보자

무엇보다 습관이 중요하다. 자신의 재무상황을 정확히 알려면 종이에 쓰거나 컴퓨터·스마트폰 등에 주기적으로 기록하는 것이 좋다. 먼저 현재의 자산을 다음 페이지의 표처럼 정리해보자.

여기서 해당 상품을 지금 바로 해지한다고 가정했을 때 받을 수 있는 금액을 적는 것이 중요하다. 주식이나 펀드 등의 투자 상품에서는 평가액이란 단어를 주로 쓰는데 이는 투자 수익률이 반영된 금액이

자산현황표(예시)

재무목표	분류	자산명 · 상품명	금융기관	가입월/만기월	월불입액/투자액	평가액	수익률
전세	전세보증금	ㅇㅇ아파트	–	2014년 7월	–	2억 원	–
주택자금	주식	ㅇㅇ전자	ㅇㅇ증권	2015년 1월	250만 원	237만 원	-5.2%
주택자금	정기적금	ㅇㅇ정기적금	ㅇㅇ은행	2015년 7월/2016년 7월	50만 원/800만 원	800만 원	+2.5%
주택자금	주식형펀드	ㅇㅇ배당주펀드	ㅇㅇ증권	2015년 7월/2016년 7월	50만 원/400만 원	410만 원	+2.5%
노후자금	연금보험	ㅇㅇ연금보험	ㅇㅇ생명	2011년 2월	30만 원	1,556만 원	–
전세	전세대출	ㅇㅇ전세대출	ㅇㅇ은행	2014년 7월	11만 원	5,000만 원	–

다. 투자 후 수익이 났으면 평가액은 원금보다 많고, 손실이 났으면 원금보다 적다.

주식, 펀드, ETF 등은 금융사 홈페이지에서 평가액을 확인한 후 자산현황표에 기록하자. ELS는 조건에 맞으면 특정 기간 후에 확정된 수익을 주는 상품이므로, 현재의 평가액보다 원금을 적는 것이 좋다. 정기적금과 주택청약종합저축은 중도 해지 시 현재 받을 수 있는 금액이 얼마인지 알 수 없으므로, 이자가 반영되지 않은 투자 원금을 적자. 연금보험과 같은 저축성 보험은 해지할 때 원금을 다 돌려주는 것이 아니기 때문에 해지환급금을 적는 것이 좋다.

부동산의 경우 매입 후 가격 변동이 일어나므로 현 시세를 적고, 대출금은 현재 남은 대출 잔액을 적어보자. 자산현황표의 마지막 칸에는 전체 자산에서 부채를 뺀 순자산을 기록하자. 만약 전체 자산이

4억 원이고 부채가 3억 원이라면 순자산은 1억 원이다. 재테크의 관점으로 보면 이 1억 원이 현재 시점의 실질적 자산이다.

자산이 많은 경우 이 표를 금융 자산, 부동산 자산, 실물 자산, 부채 자산 등으로 구분해서 정리해도 된다. 자산을 정리했으면 월 현금유출입 현황을 정리할 차례다.

근로자의 월 수입은 세후 급여를 말한다. 만약 홀수 달과 짝수 달

현금유입 현황(예시)

구분	월 수입	연 수입	비고
근로소득	350만 원	4,200만 원	-
임대소득	50만 원	600만 원	오피스텔 임대료

현금유출 현황(예시)

구분	항목	월 지출	연 지출	비고
고정지출	전세대출 이자	11만 원		만기일시상환 방식
	교통비	10만 원		
	보장성보험료	12만 원		실손의료보험, 암보험
	자동차세		40만 원	
변동지출	자동차보험료		70만 원	
	식비	10만 원		
	아파트 관리비	12만 원		
	통신비	8만 원		
	경조사비	10만 원		
	기타	80만 원		

의 급여가 다르면 이를 더한 후 2로 나누면 된다. 가령 홀수 달에 300만 원, 짝수 달에 400만 원이 들어오면 월 급여는 350만 원으로 보면 된다. 지출 항목은 자신이 쓴 내역을 복기하기 위해 위 표의 내용보다 좀 더 세분화하는 것이 좋다.

자산현황표는 3개월이나 6개월에 한 번씩 업데이트해줄 필요가 있다. 그리고 1년에 한 번씩 전년 대비 급여의 증감, 자산의 증감을 살펴보자. 지난 1년간 얼마나 벌었고, 재테크를 한 결과 자산이 어떻게 변동했는지 한눈에 파악할 수 있다. 이는 투자 상품에 대한 1년간의 투자 성과를 정리해보고 향후 투자 방향을 가늠해볼 수 있는 좋은 기회다. 현금유출입 현황은 가계부에 자주 기록하는 것이 좋으나,

가계부 프로그램

기간	2015.12	2016.1	2016.2
지출 합계			
지출 합계	2,337,781	1,647,640	1,405,026
식비	828,870	654,110	667,996
주거/통신	137,720	137,640	181,140
생활용품	550,970	46,050	15,700
의복/미용	167,142	4,400	113,280
건강/문화	270,839	435,814	163,000

번거롭다면 스마트폰의 가계부 앱을 써도 좋다. 카드를 통해 지출한 액수와 내역이 바로 지출 항목에 업데이트되기 때문에 오히려 더 편리할 수 있다.

이런 앱을 통해 1주일마다 본인의 소비 내역을 살펴보면 소비가 어느 정도 통제돼 계획적 지출이 가능하다. 또 현금유출입 현황을 통해 전달에 비해 지출이 늘어난 부분도 살펴볼 수 있다.

정기적으로 자신의 자산 내역과 가입상품 내역을 정리하여 보고해줄 수 있는 관리자를 두는 것도 방법이다. 관리자로는 자산현황에 대한 진단, 개선점, 향후 재테크 방향에 대해 꾸준히 조언하고 관리해줄 수 있는 사람이 좋다. 자산현황이 복잡하고 이를 기록하고 관리하는 데 익숙지 않다면 비용이 들더라도 관리자에게 맡기는 것을 고려해보자.

포트폴리오를 왜 이렇게 짰는지 모르고 있다

"포트폴리오를 왜 이렇게 짜셨나요?"

"아는 사람이 담당 관리자인데 이렇게 짜면 좋다고 해서요."

"이 포트폴리오는 어떤 부분이 좋은지, 어떤 목표를 이룰 수 있는지 이야기해주던가요?"

"그냥 나한테 잘 맞는다고 하던데요. 이렇게 하면 목돈을 잘 마련할 수 있대요."

"그럼 이 공시이율저축보험 두 개는 어떤 목적으로 가입하셨나요?"

"지인이 추천해줘서 가입했는데, 상품이 좀 아닌가요?"

2014년 여름, 어느 40대 초반 남성과의 상담에서 나눈 대화다. 그에게는 한마디로 재테크의 방향성이 없었다. 1~2년에 한 번씩 은행 직원이나 지인이 제안하는 대로 포트폴리오의 일부를 갱신하는데, 매번 포트폴리오를 짜게 된 배경과 효과, 각 상품에 가입한 이유를 확실히 인지하지 못하고 있었다. 나는 수년간 상담을 해오면서 이런 고객을 꽤 많이 접했다. 가입한 상품의 내역을 잘 모르는 사람일수록 이런 부분을 잘 모르고 있었다. 대부분의 자금이 투입되어 있는 상품인데도 말이다.

이는 포트폴리오에 개선의 여지가 많다는 뜻이다. 방향성 없는 포트폴리오는 방향성 없는 인생에 비유해도 결코 과하지 않다. 포트폴리오는 자신의 재무목표, 투자성향, 상품 선호도 등의 집합체다. 3년 후 결혼자금 마련이 가장 큰 목표라면 이를 달성하기 위해 단기 상품 위주로, 즉 유동성이 확보될 수 있는 상품들로 포트폴리오를 짜야 한다. 또 안정성보다 수익성에 초점을 맞추고 싶다면 펀드, 주식, ETF 등의 비중을 높이는 것이 좋다.

하지만 포트폴리오를 짜게 된 이유가 모호하면 해당 상품에 왜 가입했는지 스스로도 알기가 어렵다. 특히 저축성 보험과 펀드 가입자에게 이런 경우가 많다. 그들은 늘 "지인이 추천해줘서" "은행직원이 좋다고 해서"라고 말한다. 저축성 보험은 중장기 목적자금 마련과 비과세를 위해, 펀드는 단기자금 마련을 위해 가입하는 것이지만 그런 의의도 잘 알지 못한다.

이처럼 가입 이유와 목적이 분명치 않은 상품은 유지 기간이 짧게 마련이고, 그러면 대개 손실을 보게 되어 있다. 그들의 추후 행적을 살펴보니 저축성 보험은 자신의 목적에 부합하지 않다며 해지환급률이 100%가 되기 전에 해지하고, 펀드는 손실이 커서 환매하는 경우가 많았다. 반대로 스스로 충분히 알아보고 목적에 맞는 상품에 투자한 사람들은 수익률이나 조건이 지나치게 나빠지기 전에는 상품을 유지하려는 경향이 강했다.

"그냥 좋은 상품 몇 개 가입해놓으면 되는 것 아닌가?"라고 반문할 수도 있겠다. 그러나 이런 막연한 접근보다는 자신의 목표와 성향에 맞는 상품군을 고르고, 그 안에서 경쟁력 있는 상품을 담는 단계를 밟아가는 것이 효과적인 포트폴리오 구축의 밑거름이 된다. 현재 자신의 포트폴리오가 그저 '누가 좋다고 하더라'는 상품의 나열이라면 다시 한 번 생각해보자. 왜 이런 상품들로 짜여 있는지, 각 상품은 왜 가입했는지. 또 자신의 단기 목표나 중장기 목표와 어느 정도 부합되고 있는지.

재무목표를 설정하자

계획에는 늘 목표가 선행하기 마련이다. 포트폴리오도 마찬가지로 재무목표를 먼저 설정해야 제대로 짤 수 있다. 재무목표는 '돈을 모아서 어디에 쓸 것인지' '재무적으로 어떤 부분에 중점을 둘 것인지'에 관한 것이다. 즉 단기, 혹은 중장기적 인생목표와 유사한 개념이다. 이런 목표가 나와야 목표 달성을 위해 돈을 어떻게 모아야 할지를 고민할 수 있다. 이런 고민의 결과물이 포트폴리오다.

포트폴리오는 목돈 마련을 위한 적립식과 현재의 목돈을 굴리기 위한 거치식으로 나뉜다. 거치식에 대해서는 5장에서 사례를 들어 설명하겠다. 여기서 중요한 것은 다음 내용인데, 이는 연령별 재무목표를 빈도순으로 정리한 것이다.

20대: 단기 목돈 마련, 결혼자금 마련, 전세자금 마련, 자동차 구입자금 마련, 학자금 대출 상환, 여행자금 마련

30대: 전세자금 마련, 주택자금 마련, 전세대출 상환, 담보대출 상환, 결혼자금 마련, 자녀 교육비 마련, 노후자금 마련, 절세, 사업자금 마련

40대: 노후자금 마련, 자녀 교육비 마련, 주택자금 마련, 절세, 담보대출 상환, 사업자금 마련

50대: 노후자금 마련, 절세, 자녀 결혼자금 마련, 상속·증여

재무목표를 짤 때 가장 중요한 점은 실현 가능해야 한다는 것이다. 이를 위해서는 자신의 재무상황과 향후 현금흐름 등을 우선적으로 고려해야 한다. 현 자산이 0에 가깝고 월 급여가 250만 원인데 '3년 후 1억 원 만들기'라는 목표를 세운다고 하자. 월 급여 250만 원을 모두 저축해도 3년 뒤 원금은 9,000만 원이다. 하지만 급여를 모두 저축할 수만은 없는 노릇이다. 50만 원만 생활비로 쓰고 200만 원을 적립식펀드에 투자한다 해도 목표를 달성하려면 매년 40%에 가까

운 수익률을 기록해야 한다. 결국 실현 가능성이 거의 없는 것이다. 이렇게 무리한 목표를 세워놓으면 결국 좌절하기 쉽다.

재무목표가 정해지면 저축 기간은 쉽게 도출할 수 있다. 자동차 구입자금이나 결혼자금은 주로 단기로 불입하면 되고, 주택자금이나 자녀 교육비, 노후자금 마련을 위해서는 5년 이상 불입하면 된다.

투자성향을 도출하자

재무목표가 설정되면 자신의 투자성향을 점검해보자. 투자성향은 원금 손실을 얼마나 감내할 수 있는지를 나타내주는 것으로, 2016년 1월 기준으로 아래의 다섯 가지 단계로 나뉜다.

안정형: 원금 손실을 원치 않는다. 정기예금이나 정기적금, CMA, 원금보장형 ELB·DLB 등의 상품이 적절하다. CMA는 원칙적으로는 원금이 보장되지 않지만, 연 수익률을 기준으로 원금 손실이 일어난 적은 여태 없었다.

안정추구형: 원금의 손실 위험은 최소화하고, 이자 소득이나 배당 소득 정도를 얻을 수 있는 안정적 투자를 목표로 한다. 채권형펀드가 어울린다.

위험중립형: 예·적금보다 높은 수익을 기대할 수 있다면 일정 수준의 손실 위험을 감수할 수 있다. 채권혼합형펀드, 롱숏펀드, 지수형 ELS 등의 중위험·중수익 상품이 적절하다.

적극투자형: 원금 보전보다는 위험을 감내하더라도 높은 수익을 추구한다. 가치주펀드, 배당주펀드, 글로벌자산배분펀드 등이 어울린다.

공격투자형: 시장의 평균 수익률을 훨씬 넘어서는 수익을 추구하며, 이를 위해 자산 가치의 변동에 따른 손실 위험을 적극 수용할 수 있다. 국내외 주식, 중소형주펀드, 해외주식형펀드, 원자재, 파생상품 등이 적절하다.

증권사에서는 초저위험투자형, 저위험투자형, 중위험투자형, 고위험투자형, 초고위험투자형으로 투자성향을 분류하기도 한다.

투자성향이 공격투자형이라고 해서 모든 자금을 이런 성향의 상품에 투자하는 것은 금하자. 시장이 항상 투자자의 바람대로 움직이지는 않기 때문이다. 공격투자형 상품에 50% 정도, 안정추구형 또는 적극투자형 상품에 30~40% 정도를 안배하는 것이 좋다. 안정형 성향의 소유자도 마찬가지다. 초저금리 상황에서 예·적금에만 불입할 경우 실질 수익률 측면에서 원금 손실 효과가 발생하므로 위험중립형이나 적극투자형 상품에도 20% 정도 투자하고, 이후 점진적으로 이런 상품의 비중을 늘려보자.

투자 기간에 따라 성향을 약간 달리할 필요도 있다. 재무목표가 오로지 '1~2년 내 결혼자금 마련'뿐인 공격투자형 투자자를 가정해보자. 만일 이 투자자가 자신의 성향만 바라보고 주식이나 주식형펀드 등에 대부분의 자산을 불입한다면 위험할 수 있다. 주식시장이 하향세를 보여 초반에 원금 손실이 크게 발생하면 1~2년이란 시간은 손실을 만회하기에 짧을 수 있기 때문이다. 따라서 이런 경우 공격투자형이나 적극투자형 상품에 50% 정도, 적금 같은 안정형 상품이나 채권형펀드 같은 안정추구형 상품에 50% 정도를 안배하는 것이 좋다. 그럴 때 원하는 기간에 원하는 만큼의 목돈을 마련하기가 더 쉬워진다.

일반적으로는 투자 기간이 1~2년일 경우 안정적 상품의 비중을 높이고, 3년 이상이면 적극투자형이나 공격투자형 상품의 비중을 높이는 것이 좋다. 재무목표와 투자성향이 도출되면 재무상황에 맞춰 포트폴리오를 짜면 된다. 아래 표를 통해 간단한 예를 살펴보자.

이 고객의 경우 결혼자금 마련이 가장 큰 목표이므로 월 저축액의 73%를 단기 상품에 불입하도록 했다. 투자성향은 위험중립형이지만 중위험·중수익 성향의 펀드보다는 안정형 50%, 위험중립형·공격투자형 50%로 분배했다. 단기 상품 비중이 높기에 전반적으로 결혼자금 마련이라는 목표와 본인의 투자성향에 부합하는 포트폴리오다.

1년간 적금과 펀드를 통해 모인 목돈은 다시 1~2년 만기의 정기예금(안정형)과 채권형펀드(안정추구형), 또는 주식형펀드(공격투자형)

재무상황(예시)

고객	30대 초반, 미혼, 여성
월 급여	250만 원(세후)
재무목표(순위별 나열)	3년 내 결혼자금 4,000만 원 마련, 연말정산 대비
투자성향	위험중립형

포트폴리오(예시)

재무목표	기간	필요금액	상품	월 납입액
결혼자금	3년	3,000만 원	정기적금	50만 원
			채권혼합형펀드	40만 원
			주식형펀드	30만 원
소득공제 · 세액공제	10~30년	–	연금저축펀드	20만 원
위험 관리	–	–	보장성보험	10만 원
비상금	–	–	CMA	잉여자금
합계				150만 원

등에 분산투자하여 더 증식시킬 수 있다. 다만 1년 뒤에 목돈 투자를 할 때는 가급적 안정형과 안정추구형, 위험중립형 상품의 비중을 높이는 것이 좋다. 결혼이 2년밖에 남지 않았고, 위험자산에 투자했다가 손실을 보면 회복에 시간이 꽤 걸릴 수도 있다.

아래 표에 예시된 부부의 경우 여러 목표 중 '3년 내 아파트 구입자금 마련'이 최우선이다. 따라서 월 저축액의 56%를 안정성에 초점을 맞춰 적금과 채권형펀드에 불입하게 했다. 더불어 자녀 교육비와

재무상황(예시)

고객	40대 초반, 맞벌이 부부, 첫째 딸 10세, 둘째 딸 7세
월 급여	750만 원(합산)
재무목표(순위별 나열)	아파트구입자금 마련(현재 전셋집 거주중), 자녀 교육비 마련, 노후자금 마련, 연말정산 대비
투자성향	안정추구형

포트폴리오(예시)

재무목표	기간	필요금액	상품	월 납입액
아파트 구입자금	3년	1억 원	정기적금	150만 원
			채권형펀드	100만 원
자녀 교육비	10년	1억 원	주식형펀드	50만 원
			변액보험	30만 원
노후자금	25년	2억 원	연금보험	40만 원
소득공제 · 세액공제	20년		연금저축보험	40만 원
위험 관리	–		보장성보험	35만 원
비상금	–		CMA	잉여자금
합계				445만 원

노후자금도 놓칠 수 없으니 저축액 중 120만 원을 중장기상품에 불입하길 권했다. 이 부부는 가능한 한 원금 손실을 최소화하고 싶어 하므로 적금과 채권형펀드의 비중을 크게 잡았다. 또 10년은 수익을 낼 수 있는 충분한 기간이기에 자녀 교육비 마련 용도로 펀드와 변액보험을 추천했다. 1년간 적금으로 모은 3,000만 원은 안전한 예금이나 채권상품에 재투자하는 식으로 2년간 자산을 추가 증식하는 방식을 제안했다.

이 정도의 포트폴리오라면 그들의 네 가지 목표를 100%는 아니더라도 비슷하게 달성할 수 있을 것으로 판단된다. 또 전체적인 상품의 위험도를 고객의 성향과 비슷하게 설계했다.

위의 두 예처럼 포트폴리오를 재구성할 때는 고객의 재무상황, 재무목표, 투자성향에 맞는 상품군을 먼저 제안한 후, 고객이 동의를 하면 각 상품군 내에서 경쟁력 있는 상품을 추천한다. 고객이 구체적인 상품에도 동의하면 다음은 포트폴리오를 실행할 차례다.

어떤 상품이든 가입하는 데는 이유가 있어야 한다. 따라서 가입 후에는 각 상품에 타이틀을 붙여보자. 타이틀에는 '결혼자금용' '주택자금용' 등이 있을 수 있다. 최근에는 통장이 없는 상품도 많으므로 스프레드시트를 활용하여 각 상품을 정리한 뒤 거기에 타이틀을 붙이면 된다.

금융상품에 대해 공부하자

자신의 목표와 성향을 파악했다면 이에 해당하는 상품이 어떤 것인지 공부할 필요가 있다. 우리나라 사람들은 금융상품에 대한 공부를 소홀히 하는 경향이 있다. 금융사 직원이나 지인의 추천에 의존하는 사례가 잦은데, 평상시 금융상품 공부를 잘 하지 않기 때문이다. 따라서 스스로 포트폴리오를 짜고 추후에 잘 갱신하기 위해 재테크 서적, 경제신문, 금융사 홈페이지 등에서 상품 정보를 접하면서 공부해야 한다.

예금을 사랑하고 부동산을 맹신한다

우리나라 사람들은 안전 지향적이고, 부동산을 무척이나 사랑한다. 아래 그래프를 보면 우리나라 사람들의 현금과 예금 비중이 선진국에 비해 높다는 것을 알 수 있다. 다음 페이지의 그래프에서는 우리나라 사람들의 부동산 사랑을 한눈에 파악할 수 있다. 여기서 비금융자산의 대부분은 부동산이 차지한다. 이렇듯 한국인 재테크 포트폴리오의 가장 큰 축이 바로 예금과 부동산이다.

2016년 예상 물가상승률을 반영한 시중은행 예금의 세후 실질 수익률은 약 -0.32%다(2016년 1월초 기준). 금리가 2%에서 1%로 내려가면 자산이 두 배로 증가하는 데 걸리는 시간이 34.7년에서 69.7년으로 늘어난다. 반면 연 수익 5%짜리 상품에 불입하면 14.2년으로 55.5년이나 단축된다. 이렇게 1%대 상품에만 돈을 넣어둔 사람은

주요국 가계 금융자산 비교

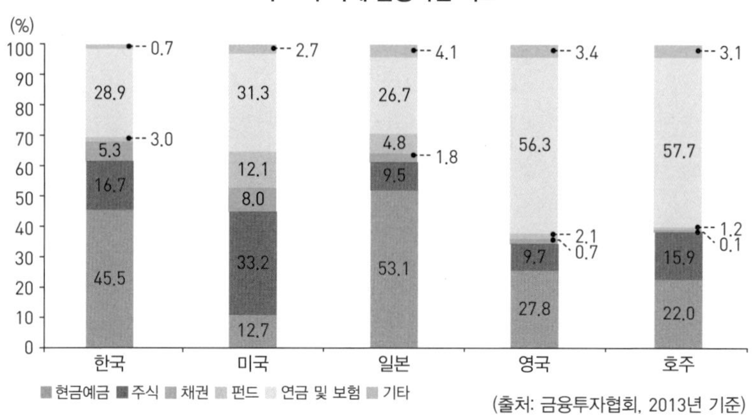

(출처: 금융투자협회, 2013년 기준)

주요국 비금융자산과 금융자산 비교

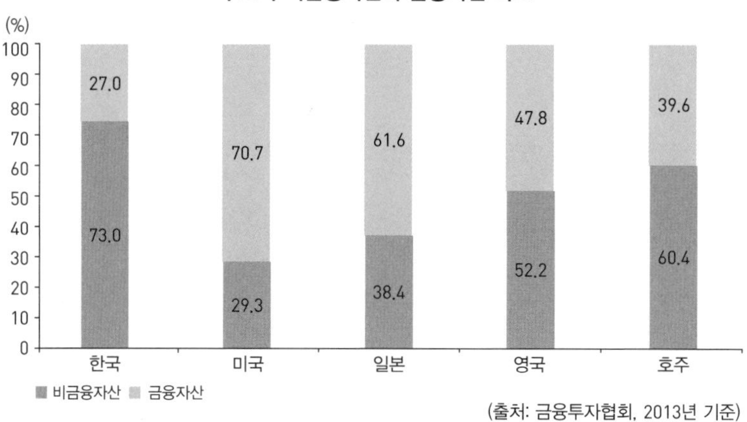

(출처: 금융투자협회, 2013년 기준)

최초 1~2년간은 크게 못 느끼겠지만 5년 이상 지나면 중위험·중수익 상품 등에 분산해서 자금을 불리는 사람에 비해 자산의 증식 속도가 한참 뒤처질 수밖에 없다. 저성장과 저금리가 고착화되고 있는 현 상황으로 볼 때, 금리는 향후에도 낮은 수준으로 유지될 것으로 예측된다.

그러나 금리가 워낙 낮아 저축 상품에서 투자 상품으로 자금이 많이 옮겼을 법도 하지만 실제로는 그렇지 않다. 2015년 6월 한국은행의 보도에 따르면 2015년 상반기 중 가계자산의 증가액이 가장 많았던 부문은 현금과 예금으로, 전체 가계자산 순유입액의 56.4%를 차지했다. 전년도의 46.3%보다 10%가량 높아진 것이다. 1997년 외환위기 전 10%대였던 예금 금리가 8% 넘게 떨어졌지만 재테크 포트폴리오는 예나 지금이나 크게 달라진 것이 없다는 얘기다.

부동산은 2016년 초반 전국에서 대규모 미분양 물량이 쏟아지면서 온탕과 냉탕을 오가고 있지만, 시장은 그런 대로 유지되고 있다. 금융사에서 꾸준히 신상품을 출시하고 2015년 상반기에 주식시장이 상승곡선을 그렸음에도 부동산 투자는 요지부동이다.

문제는 부동산 비중이 커질 경우 자금 유동성에 문제가 생길 수 있다는 점이다. 특히 토지나 비인기 지역 건물은 매수자를 찾기 어려워 오랫동안 현금화시키지 못해 애를 먹는 고객을 여럿 봤다. 땅이 팔리지 않자 대출을 받는 경우도 있었다. 부동산에 투자하는 사람들은 주로 은행 대출을 활용한다. 따라서 투자한 부동산이 오르면 레버리지(leverage) 효과를 볼 수 있으나 떨어질 경우 이자 부담이 더욱 커진다. 레버리지 효과란 타인의 자본을 활용해 자기 자본의 이익률을 높이는 투자법이다. 예를 들어 1억 원을 투자해 1,000만 원의 수익을 올렸다면 자기자본이익률은 10%가 되지만, 자기 돈 5,000만 원과 남의 돈 5,000만 원을 투자해 1,000만 원의 수익을 올렸다면 자기 자본 이익률은 20%가 된다. 나는 5,000만 원만 쓰고도 1,000만 원을 벌었으니 혼자 1억 원을 투자했을 때보다 수익률이 훨씬 높은 것이다.

부동산은 자금 규모가 크므로 자산 가치 하락이 주는 고통은 금융상품보다 크게 마련이다. 또 인테리어나 시설 보수 등의 관리 활동도 필요하다. 더욱이 시장의 장기적 전망도 썩 좋지는 않다. 부동산 시장은 인구 구조의 변화에 민감한데, 우리나라의 출산율 하락에 따른 수요 부진은 집 값 전망을 어둡게 하고 있다. 인구 고령화와 1인 가구의 증가로 소형 주택의 가격은 오르겠지만 출산율 감소는 중대형 주택 가격의 하락을 불러오는 등, 시장에 악재임에는 분명하다. 물론 부동산을 통해 큰 부를 축적한 사람이 많지만, 부동산 편향적인 재테크는 부보다는 문제점을 야기하기 쉽다.

예금을 선호하는 데는 우리나라 사람들의 보수적인 성향이 영향을 미치는 것 같다. 또 은행이 가장 접근성 좋은 금융사이므로 가장 많이 가입하는 건 자연스러운 일이기도 하다. 국내에는 변변한 투자은행이 없고, 글로벌 경쟁력이 떨어지는 증권사에서 고객의 이목을 끌 만한 상품이 많지 않은 점도 은행 선호도를 높이는 데 한몫했다. 막연히 '부동산 불패신화'에 대한 환상을 갖고 있는 사람이 많다는 것도 부동산 자금이 금융으로 잘 옮겨오지 않는 이유 중 하나다.

포트폴리오에 유연성을 가미하자

예전처럼 예금에 돈을 넣어 불린 뒤 부동산에 투자하는 시대는 끝났다. 예금 금리는 물가상승률만 못하고, 부동산은 장기 침체 국면이다. 따라서 투자성향의 순차적 분산과 금융·부동산 포트폴리오의 점진적 재편이 필요하다. 재테크의 패러다임도 저축에서 투자로 옮겨갈 필요가 있다. '재테크'(財tech)는 '재무'(財務)와 'technology'의 합성어로, 자금을 효율적으로 운용해 최대의 이익을 내는 기술이다. 돈을 그냥 저금통에 쌓아만 둘 것이 아니라면 다양한 성향의 상품에 조금씩 분산해서 이익을 점진적으로 늘려보자.

투자로의 이동이 필요하다고 하루아침에 위험자산의 비중을 쭉 늘리라는 것은 절대 아니다. 보수적인 사람이 예금에 있던 돈을 갑자기 주식이나 펀드 쪽으로 옮기면 불안감으로 심리적인 안정을 잃을 수 있다. 그러므로 다음 페이지의 예처럼 서서히 분산해보길 권한다.

1년차에는 예금에만 넣어둔 자금 중 20%를 채권형펀드와 지수형 ELS에 10%씩 분산투자해보자. 국내채권형펀드의 경우 신용등급 AA~AAA의 안전한 국내 국공채에 투자하는 것이 좋다. 대표적인 상품의 경우 보통 연 3~5% 정도의 수익을 보여왔다. 이는 예금 대비 2~3% 높으며, 채권 이자수익에 대한 이자소득세를 물더라도 물가를 반영한 실질 수익률은 플러스다. 주로 연 수익 6~8%를 지급하는 지수형 ELS는 예금 대비 수익률을 더욱 끌어올릴 수 있다. 앞서 말했듯 예금만 하던 사람이 갑자기 위험자산의 비중을 늘리는 것은 쉽지 않다. 따라서 1년차에는 원금 손실 우려가 적으면서 예금 수익의 2~4배가 기대되는 상품으로 자금의 일부를 옮겨보자.

1년 뒤 기대했던 성과를 거뒀다면 2년째에는 중위험·중수익 상품을 늘리고, 주식형펀드와 같은 위험자산에도 최초 예금 자산의 10%

변경 전 포트폴리오

예금	1억 원

변경 후 포트폴리오(1년째)

예금	8,000만 원
채권형펀드	1,000만 원
지수형 ELS	1,000만 원

변경 후 포트폴리오(2년째)

예금	6,000만 원
채권형펀드	1,000만 원
채권혼합형펀드	1,000만 원
지수형 ELS	1,000만 원
주식형펀드(또는 주식)	1,000만 원

를 투자해보자. 이 10%도 주식에 직접 투자하지 말고, 여러 주식에 나눠 투자하면서 위험을 분산할 수 있는 주식형펀드에 투자할 것을 추천한다. 투자에 자신감이 생겼다고 갑자기 중위험, 고위험 상품 비중을 많이 늘리지는 말자. 보수적 투자를 위해서는 저위험, 중위험, 고위험 상품의 비중을 5:3:2로 맞추고, 그 외의 경우에는 3:4:3으로 맞추길 권한다. 이 비중을 표준으로 하고, 주식시장이 바닥권에서 올라간다 싶으면 위험자산의 비중을 더 늘려보자. 또 주가가 꽤 올랐다고 판단되면 안전자산 비중을 높이는 등 상황에 따른 비중 조절을 해보자. 이렇게 여러 투자성향의 상품에 분산투자하고, 상황에 따라

포트폴리오를 변경하는 것이야말로 진정한 재테크라고 할 수 있다.

부동산 자산의 경우에도 연 수익 5%가 채 나지 않는 것은 과감히 정리해 다른 부동산으로 갈아타거나, 채권혼합형펀드 또는 다른 중위험·중수익 상품 등으로 포트폴리오를 재편해보자. 수익도 더 챙기고 유동성도 더 확보할 수 있다. 최근에는 월 지급식 금융상품도 많이 출시되고 있다. 이런 상품의 연 수익이 월세 수익보다 높다면 부동산에서 금융으로의 머니 무브(Money Move)도 적극 고려해보자. 기존에 부동산 위주로 자산 포트폴리오가 짜여 있다면, 향후엔 금융 자산과 부동산 자산의 비중을 4:6 정도로 조정해보길 권장한다.

분산투자 원칙을 망각하고, 투기를 좋아한다

2012년 말 어느 40대 남성 투자자와의 재무상담 때 들었던 하소연이다. "여유자금에 빚까지 내서 투자했는데 어떡하죠. 아내에게는 말도 못하고, 요즘 잠이 오질 않아요." 그는 2010년 무섭게 상승하던 주식 종목 OCI를 지켜보다 2011년 4월초 주가가 50만 원을 뚫자 여기에 '몰빵'하기로 했다. 대세 주식이라는 판단에서였다. 그는 여유자금은 물론, 다른 주식과 펀드를 팔아 생긴 돈, 여기에 신용대출까지 받아 1억 원을 주가 51만 원 선에서 투자했다. 4월 한 달간은 좋았다. 주가가 65만 7,000원까지 치고 올라갔고, 한 달도 안 되어 수익률이 29%를 기록했기 때문이다.

그게 끝이었다. 이후 주가는 하염없이 떨어졌고, 그해 11월 11일에는 종가 기준으로 정확히 20만 원이 되었다. 그러나 그는 '이러다 오르겠지' 하면서 손절 타이밍도 잡지 못했다. 결국 상담 시점에는 주가가 14만 6,500원까지 떨어지면서 수익률 -71%를 기록해 원금에서 약 7,100만 원이 증발되어 있었다. 투자 종목을 분산하지 않은 '몰빵투자'로 실패한 대표적 사례다.

재테크하는 사람 치고 '계란을 한 바구니에 담지 마라'는 격언을 모르는 사람은 없을 것이다. 주식 같은 위험자산은 한 곳에만 투자했다가 해당 자산의 가격이 폭락할 경우 큰 피해를 보기 때문이다. 하지만 이 격언을 알면서도 실천에 옮기는 사람은 그다지 없는 실정이다. 2013년 2월 삼성증권이 고객 66만 명을 대상으로 조사한 자료에 따르면, 그들 중 40%가 한 개 종목에만 투자한다고 밝혔다. 또 한화투자증권이 2010년부터 5년간 개인고객 데이터를 분석한 결과, 세 개 이하의 종목에 투자한 고객이 무려 83%에 달했다. 놀라운 것은 이 격언이 개인뿐 아니라 기관에서도 잘 지켜지지 않는다는 점이다.

당시 우리나라 주식시장에서는 차·화·정(자동차·화학·정유)이 대세를 이루고 있었다. 2009년부터 자산가들의 인기를 끌던 투자자문사들이 차·화·정 종목들을 주식랩(WRAP) 상품의 포트폴리오에 집중적으로 넣으면서 꽤 좋은 수익률을 보였고, 그 중에서도 OCI의 비중은 상위를 기록했다. 그러다 2011년 8월초 미국의 신용등급이 AAA에서 AA+로 강등되면서 코스피가 2개월간 곤두박질쳤다. 그 사이 OCI를 비롯한 주식들이 대부분 추락하면서 투자자들의 피해가 커졌다. 여러 종목에 분산투자한다는 주식형랩 상품조차 피해를 면할 수 없었다. 그들도 차·화·정 주식의 비중을 높게 잡으면서 제대로 된 분산을 하지 않았기 때문이다.

기관투자자의 몰빵투자로 인한 실패는 그뿐이 아니었다. 2007년 높은 수익률로 선풍적인 인기를 끌던 모 자산운용사는 당시 투자지역이나 투자 자산을 한정하지 않고 고루 분산투자한다고 하는 펀드를 출시했다. 이 상품은 출시 후 1개월도 안 되어 4조 원을 돌파하는 광풍을 일으켰다. 그러나 펀드 설정 즈음에 미국 발 서브프라임 위기가 터졌고, 2008년 글로벌 금융위기가 본격화되면서 펀드 수익률도 하락세를 보였다. 그런데 문제는 수익률이 하락하자 이를 만회하기 위해 투자 포트폴리오의 대부분을 중국주식에 몰빵했다는 점이다. 2006년부터 상승 랠리를 그리던 중국주식이 2007년 말부터 고꾸라지자 곧 바닥을 치고 올라갈 것이라는 믿음을 가졌던 모양이다. 하지만 전략은 실패했고, 펀드 수익률은 더 떨어졌다. 전 세계의 다양한 자산에 분산투자하겠다는 약속도 어기고, 수익률도 내지 못하면서 투자자들로부터 신뢰를 잃었던 대표적인 사례다.

투자 실패 사례는 주로 '모 아니면 도' 식의 몰빵투자와 관련이 깊다. 투자 후 자산 가격이 하락하면 이를 단기간에 만회하고자 더 몰빵하게 되고, 그러다 수익률이 더 떨어지는 악순환을 거듭하게 된다. 카지노에서 돈을 잃고서 베팅 액수를 갑자기 뻥튀기하다 더 큰돈을 잃는 것과 비슷한 이치다. 더욱이 몰빵투자는 치고 빠지는 성격이 강하기 때문에 중장기 투자도 어렵고, 인내력도 발휘하기 어렵다.

반면 분산투자를 하면 리스크도 줄이고, 수익률도 일정 수준으로 유지할 수 있다. 한화투자증권의 2015년 발표 자료에 따르면, 10년간 분산투자의 효과를 분석하기 위해 시뮬레이션을 한 결과, 한 개 종목에만 투자한 경우 변동성이 41.7%에 달한 반면 다섯 개 종목에 분산투자한 경우 27.4%로 낮아졌다. 또 포트폴리오별 수익률은 종목 수가 늘어나도 일정 수준으로 유지되었다.

또 미국의 저명 금융지 《파이낸셜 애널리스트 저널》의 조사에 의하면, 투자의 성공을 결정하는 요소는 자산 배분 91.3%, 종목 선정 4.8%, 투자 시기 1.8%, 기타 2.1%였다. 언제 어떤 종목에 투자하느냐보다 어떤 종목에 분산하느냐가 성공의 지름길이라는 얘기다.

분산투자가 잘 안 되는 문제 외에도 한국 사회에는 투기가 만연하고 있다. 투기는 오랜 기간 자료 조사를 하고 투자 이후에도 자산의 가치 상승을 바라는 투자와 다르다. 큰 노력 없이 투자해 시세차익만 노리고 빠지는 경우가 대부분이다. 주로 투자 기간이 짧고, 특히 부동산의 경우 이런 투기 세력으로 인해 가격 왜곡이 생겨 실수요자들이 피해를 입게 된다.

분산투자가 잘 지켜지지 않는 것은 사회에 만연한 한탕주의와도 관련이 깊다. 로또로 20억 원을 벌고, 부동산 투기로 수억 원을 벌었다는 소식을 접하면 대부분의 사람은 상대적 박탈감에 빠지고, 단기간에 큰돈을 벌기 위해 무리수를 둔다.

투자를 보는 관점은 사람마다 다르겠지만, 나는 투자를 초저금리 시대에서 기회 손실 발생을 만회하기 위한 '대체 재테크'라고도 생각한다. 예금에만 불입하면 물가가 반영된 실질 수익률은 마이너스다. 그러므로 투자 자산의 50% 내외를 위험중립형 상품에서부터 공격투자형 상품에 분산하자는 의미다. 자칫 쪽박을 찰 수도 있으니 대박에 대한 기대감은 버리고 여러 상품에 분산해서 오랜 기간 연 4~12% 정도의 수익률을 기대하는 것이 분산투자의 핵심 취지다.

상품군별 분산과 전체적 분산

분산투자는 상품군별 분산과 전체적 분산으로 나눌 수 있다. 상품군별 분산은 가령 주식 포트폴리오를 짠다고 할 때 IT 업종에만 집중하지 말고 자동차, 화학, 소비재 등 여러 업종에 분산하는 것이다. 하나의 업종이 폭락해 발생할 수 있는 수익률 폭락을 막을 수 있는 방법이다. 해외주식도 분산투자의 좋은 대안이다. 중국, 홍콩, 미국, 일본, 유럽 등 여러 국가에 유망한 주식이 많으니 주식 포트폴리오에 국내주식만 담지 말고 해외주식도 섞으면 분산효과를 높일 수 있다.

펀드도 마찬가지다. 펀드 투자 하면 대부분 국내주식형펀드만을 떠올리는데 펀드는 크게 해외주식형펀드, 국내채권형펀드, 해외채권형펀드 등으로 나눌 수 있다. 국내주식형펀드에만 여유자금을 모두 투자할 경우 코스피가 하락하면 펀드의 수익률 하락을 그대로 감수해야 한다. 같은 고위험 펀드군 내에서 해외 쪽으로 분산하고, 전체 펀드군 내에서 저위험 · 중위험군인 채권형펀드로도 분산투자하는 노력을 기울인다면 머지않아 좋은 결실을 볼 것이다. 이 펀드 포트폴리오에 국내외 ETF까지 추가한다면 금상첨화겠다.

한편 전체적 분산은 다양한 위험도와 상품군에 분산하는 것을 뜻한다. 여유자금 5,000만 원을 약 3년간 투자하려는 투자자의 예를 들어보겠다. 투자성향은 위험중립형이다. 다음의 표는 5,000만 원을 1,000만 원씩 쪼개서 모두 투자자의 투자성향에 맞는 위험중립형 상품에만 투자하는 경우의 포트폴리오다.

한편 그다음 표처럼 여러 투자성향의 상품에 분산투자할 수도 있다. 주식의 변동성만 너무 크지 않으면 둘 다 비슷한 결과가 나올 수도 있다. 물론 이들 경우처럼 여럿으로 쪼개지 않고 두세 가지에만 투자해도 된다. 중요한 건 둘 이상의 상품에 분산을 해야 한다는 것이다. 만약 현재의 투자 포트폴리오가 자신의 투자성향에 맞지 않게

포트폴리오: 같은 투자성향의 상품에만 투자하는 경우

상품군	투자성향	투자금액
지수형ELS	위험중립형	1,000만 원
채권혼합형펀드	위험중립형	1,000만 원
해외채권형펀드	위험중립형	1,000만 원
롱숏펀드	위험중립형	1,000만 원
글로벌자산배분펀드	위험중립형	1,000만 원

포트폴리오: 투자성향이 다른 상품에 골고루 투자하는 경우

상품군	투자성향	투자금액
정기예금	안정형	1,000만 원
국내채권형펀드	안정추구형	1,000만 원
지수형ELS	위험중립형	1,000만 원
가치주펀드	적극투자형	1,000만 원
주식	공격투자형	1,000만 원

짜여 있다면 성향에 맞게 조절하고, 앞에서처럼 같은 성향 내에서도 최소 둘 이상의 상품군 또는 여러 성향의 상품군에 분산투자해보자.

그리고 가급적이면 내가 강조하는 중위험·중수익 상품의 비중을 늘리거나 포트폴리오의 전체적인 투자성향을 중위험·중수익 쪽으로 가져가기 바란다. 이것이 분산투자의 효과를 극대화할 수 있고, 포트폴리오의 안정성과 수익성을 담보받을 수 있는 방법이다.

기간별 분산

분산투자에는 투자성향별 분산 외에 기간별 분산도 있다. 단기, 또는 장기상품에만 불입하지 않고 기간별로 고루 분산한다는 의미다. 재테크는 1~2년만 하고 끝나는 것이 아니다. 은퇴 전, 또는 은퇴 후까지 마라톤과 같은 장기 레이스를 밟아야 할 수도 있다. 그렇기 때문에 재무목표의 대부분이 3년 이내의 단기자금 마련이 아니라면 자산의 20~30%는 5년 이상의 중장기 상품에 분산할 것을 권한다. 특히 적립식 포트폴리오의 경우, 1년 만기 상품에만 불입할 경우 1년마다 생기는 목돈의 재투자에 대한 고민이 생긴다. 이때는 복리 효과에 절세 혜택까지 볼 수 있는 중장기상품에 일정 금액 불입할 것을 권한다. 가령 월 200만 원의 저축 가능한 자금이 있는 30대 미혼 남성(현재 금융자산 5,000만 원 보유)에게는 다음 페이지의 표와 같은 포트폴리오를 제안할 수 있다.

결혼 시 전셋집을 마련했다면 결혼 후에는 전세자금으로 불입하는 120만 원을 주택구매자금으로 돌리면 된다. 그리고 월 불입액의

20%인 40만 원은 절세와 중장기목표 달성을 위해 반드시 중장기상품으로 분산하길 권한다. 또 40대가 되면 30대보다는 주택 보유자의 비중이 높기 때문에 자녀 교육자금, 노후자금, 절세에 대한 필요성을 느껴 중장기상품의 비중이 더 높아진다. 이 경우에도 단기, 중기, 장기상품에 고루 분산하는 것이 좋다. 만약 자신의 재무목표가 단기나 장기 중 한쪽으로만 치우쳐져 있지 않은데 포트폴리오의 기간이 너무 한쪽으로만 몰려있다면 반대쪽으로 자산을 조금씩 옮겨보자.

포트폴리오: 기간별 분산투자(예시)

재무목표	불입기간	상품군	월 납입액
전세자금 (또는 주택구매자금)	2~5년	정기적금	60만 원
		주식형펀드	60만 원
결혼자금	2~3년	정기적금	40만 원
절세, 중기목돈	5년	개인종합자산관리계좌(ISA)	20만 원
노후자금	10~20년	연금보험	20만 원
합계			200만 원

보험,
너무 많이 가입한다

재무상담 때 고객들이 가장 많이 물어보는 분야는 보험이다. "보험 너무 많이 든 것 아닌가요?" "이 보험 계속 유지해야 하나요?" "보장이 부족한 부분은 없을까요?" 여러 질문 중에서도 가장 빈도가 높은 것은 보험료의 적정성과 보장의 중복에 대한 것이다.

2014년 11월 금융감독원 발표에 따르면 우리나라의 1인당 가입 보험 수는 약 3.59건이라고 한다. 얼핏 적어 보일 수 있으나 4인 가족으로 환산하면 14건이 넘는다. 더욱이 이 수치는 전체 계약 건수를 전체 인구로 나눈 결과다. 경제활동을 하지 않는 미성년자와 가입 건수가 적은 노인들을 포함한 수치이므로, 경제활동을 하는 성인만을 대상으로 조사했다면 1인당 보험 가입 건수는 더 높았을 것이다.

2012년 조사에 의하면 우리나라의 수입보험료는 1,393억 달러로 세계 8위로 올라섰다고 한다. 2010년 9위였던 순위가 2년 만에 한 단계 올라간 것이다. 또한 2014년 국내총생산(GDP) 대비 수입보험료 비율은 11.9%로 글로벌 5위에 이른다고 한다. 이쯤 되면 대한민국은 보험 공화국이라고도 할 수 있겠다.

우리나라의 보험시장 규모가 무척 큰 데는 여러 가지 이유가 있다. 특히 인정에 얽매여 아는 설계사들이 보험 영업을 시작할 때 굳이 필요하지 않은 보험을 들어주는 이유가 크다. 이렇게 지인에게 보험을 들어줄 경우의 문제점은 자신이 가입한 보험의 내용을 잘 모른다는 점이다. 보험이 필요해서 가입하려는 사람은 여기저기 알아보고 좋은 조건의 보험에 가입한다. 하지만 지인 설계사가 권하면 그냥 믿고 가입하거나 인간관계를 위해 어쩔 수 없이 가입하게 된다. 그래서 자세히 설명해도 잘 안 듣거나 잊어버리는 경우가 많다.

신용카드사나 홈쇼핑 등에서의 과도한 보험 마케팅도 시장이 커진 이유다. 은행에서 대출을 받으려다가 필요하지도 않은 저축보험을 가입한 사례도 적지 않다. 사회보장이 약해 노후가 불안해지고, 사회적으로 팽배한 불안감이 보험시장의 규모를 키운 원인이라는 분석도 있다.

문제는 보험시장 규모는 큰 반면 보험에 대한 만족도는 무척 떨어진다는 점이다. 글로벌 컨설팅회사 캡제미니는 한국의 보험 만족도가 조사대상 30개국 중 최하위라고 2014 세계 보험 보고서를 통해 발표했다. 금융 시스템이 발전하지 않은 중국(16%), 러시아(20%)보다도 뒤처지는 순위다.

과연 이유가 뭘까. 주로 은행과 카드사, 홈쇼핑에서 보험을 판매할 때의 설명 부족에 따른 불완전한 판매가 가장 큰 요인이다. 금융감독원은 2011년 7월부터 2013년 3월까지 카드사의 보험 판매 텔레마케터의 불완전 판매로 인해 피해를 본 고객에게 보험사가 614억 원을 돌려주라고 2015년 말 지시했다. 일부 텔레마케터는 저축액의 50%에 이르는 이자를 지급하고, 은행보다 10배나 많은 수익을 보장하겠다고 설명했다고 한다. 대부분 자신의 실적을 올리기 위해 무리수를 둔 것이다.

보험금 지급액이 예상만큼 나오지 않거나 지연되고, 또한 아예 나오지 않는 경우도 불만을 증폭시키는 요인이다. 그리고 우리나라 설계사 등록 정착률이 낮은 것도 문제다. 이런 요인들로 인해 우리나라 사람들의 보험 중도 해지율은 꽤 높은 편이다. 2013년 9월말 한 조사에 의하면 종신보험의 5년 내 해지율은 46%, 10년 내 해지율은 64%에 이른다고 한다.

계획적인 보험 투자

보험은 많이 들 필요가 없다. 내가 권하는 적정한 보장성보험은 두 개다. 보장성보험은 아프거나 다쳤을 때, 남에게 피해를 줬을 때, 그리고 사망했을 때 보험금을 받는 보험이고, 저축성 보험은 특정 기간 저축해서 만기 때 일시금이나 연금 형태로 받는 보험이다.

컨설팅하는 사람마다 관점이 다르겠지만, 나는 보장성보험은 가장 필수적인 실손의료보험과 우리나라 성인들이 가장 많이 걸리는 3대 질병(암·뇌혈관질환·심장질환)을 보장해주는 보험만 있으면 된다고 본다. 실손보험은 보장금액이나 범위 면에서 가장 좋으니 무조건 가입하는 것이 좋다. 재테크의 시작이 CMA 개설인 것처럼 보장성보험의 기본은 실손보험부터 들어두는 것이다.

3대 질병에 대해 강조하는 이유는 다음과 같다. 예를 들어 암 치료비는 실손보험으로도 어느 정도 감당이 가능하다. 그러나 암 진단 후 정상적인 경제활동을 하지 못해 발생하는 손해와 생활비, 재발방지 비용 등은 그렇지 않다. 이 부분을 3대 질병 보험의 암 진단비 담보로 해결할 수 있다. 더욱이 뇌혈관질환의 경우 완치되기도 어렵고 후유장해로 인해 고생하는 경우가 많다.

운전하는 사람에게는 1만 원짜리 운전자보험도 필요하다. 설계만 잘한다면 3대 질병, 각종 상해·질병, 운전자 담보 등을 실손보험에 모두 넣을 수 있다. 이렇게 하면 실손보험의 보험료는 올라가지만 보장성보험 수는 하나로 줄일 수도 있다. 외벌이 가장의 경우 종신보험이나 정기보험이 필요할 수 있고, 치과 치료 가족력이 있는 사람에게는 2~3만 원대의 치아보험을 권하기도 한다. 내가 신규 가입자와 기존 가입자에게 모두 권하는 보장의 최소 가이드라인은 다음 페이지의 표와 같다.

사망보험금을 제외하고 35세 여성을 대상으로 이들 담보를 모두 포함하여 설계하면, 보험사마다 보험료는 조금씩 다르지만 대개는 11~12만 원이 나온다(20년납, 100세 만기, 상해등급 1급 기준).

이 중 암 관련 진단비의 최소 추천 금액이 높은 이유는 암이 우리

보험 보장 가이드라인

실손 입원		5,000만 원
실손 통원		30만 원 (외래 25만 원, 처방조제 5만 원)
일반암 진단비		5,000만 원
고액암 진단비		1억 원
암수술비		300만 원
항암방사선치료비		300만 원
뇌혈관질환(또는 뇌졸중) 진단비		3,000만 원
허혈성심장질환(또는 급성심근경색증) 진단비		3,000만 원
운전자 담보	자동차사고처리지원금	3,000만 원
	벌금	2,000만 원
	변호사선임비용	500만 원
일상생활배상책임		1억 원
골절 · 상해 진단비와 수술비		30만 원
7대 · 20대질병 수술비		100~250만 원
일반사망보험금		1~2억 원

나라 사람들의 사망 원인 중 부동의 1위이기 때문이다. 2014년 통계청 자료에 의하면 우리나라 사람 10만 명당 150.9명이 암으로 사망한다고 한다. 2위 심장질환의 52.4명에 비해 거의 3배에 이르는 수치다. 또 암 관련 치료 비용과 기타 비용이 꽤 많이 들어가기 때문이기도 하다. 갑상선암과 일반암에 걸리면 1,000만~7,000만 원이라는 어마어마한 치료비가 발생한다. 게다가 암으로 오랜 기간 입원할 경우 일을 하지 못해 발생하는 경제적 손실과 재발을 막기 위한 식이

요법 등의 비용이 만만치 않다. 반면 우리나라 사람들이 보험을 통해 준비한 평균 암 진단비는 1인당 약 1,780만 원밖에 되지 않는다. 보완이 필요한 대목이다.

물론 위 그래프의 액수는 현재 물가 기준이다. 현재 20~40대인 사람이 20~30년 뒤 암에 걸린다면 적어도 물가상승률만큼 치료비가 오른다고 봐야 한다. 따라서 암 보장금액이 적으면 조금 더 올려서 암에 걸렸을 때 치료비가 없어 병을 방치하는 일은 없어야겠다.

신규 가입은 가이드라인에서 제시한 정도의 보장이면 충분하다. 한편 기존 가입자는 이를 넘어서면 중복에 따른 보험료 부담이 크니 중복되는 담보를 정리할 수 있으면 정리하자. 단, 납입 완료가 됐거나 만기가 머지않은 보험, 보험료가 월 2~3만 원의 소액인 보험, 일부 보장내역이 좋은 담보가 있는 보험은 유지하자. 또한 2000년대 중반 이전에 가입한 보험들은 보장내역이 좋은 것들이 많으니 유지하는 편이 좋다.

보장성보험은 생명보험사보다는 전반적으로 손해보험사 상품이 보장 범위도 넓고, 담보의 종류도 많기 때문에 보장성보험이 없다면 손해보험사 상품을 추천한다. 가입한 생명보험사 상품의 보장이 약하다고 판단되면 저렴한 손해보험사 상품을 추가하는 것도 고려해보자.

특히 여성들이 별로 필요성을 못 느끼는 종신보험과 보험 민원이 많은 CI보험은 보험료도 비싼 데다 사망보험금 외 보장내역은 손해보험사 상품에 비해 미흡하다. 저렴한 손해보험사 질병·상해보험으로 갈아타는 것도 고려해보자. 이들 보험을 정리하면서 발생한 환급금으로 연 5~6% 정도의 수익이 기대되는 중위험·중수익 상품에 장기투자해서 손해를 벌충해보자.

생명보험사에는 '2대 질병'이라는 특약이 있다. 주로 뇌출혈과 급성심근경색증을 보장해주지만, 뇌와 심장 관련 질환에 대해 보장하는 범위는 각각 20% 이하다. 반면 손해보험사 상품에는 뇌출혈보다 보장 범위가 훨씬 넓은 뇌졸중 담보가 있다. 또 뇌와 심장에 대한 보장범위가 각각 100%에 달하는 뇌혈관질환, 허혈성심장질환 담보도 있어 보장 면에서 훨씬 낫다. 따라서 납입기간이 얼마 안 된 뇌출혈·급성심근경색증 특약이 있는 생명보험사 상품을 갖고 있다면 손해보험사 상품으로 갈아타는 것도 좋다.

앞서 제시한 가이드라인에 맞춰 신규 상품에 가입하고, 기존 보험을 리모델링하면 보험료에 대한 부담은 줄어들 것이다.

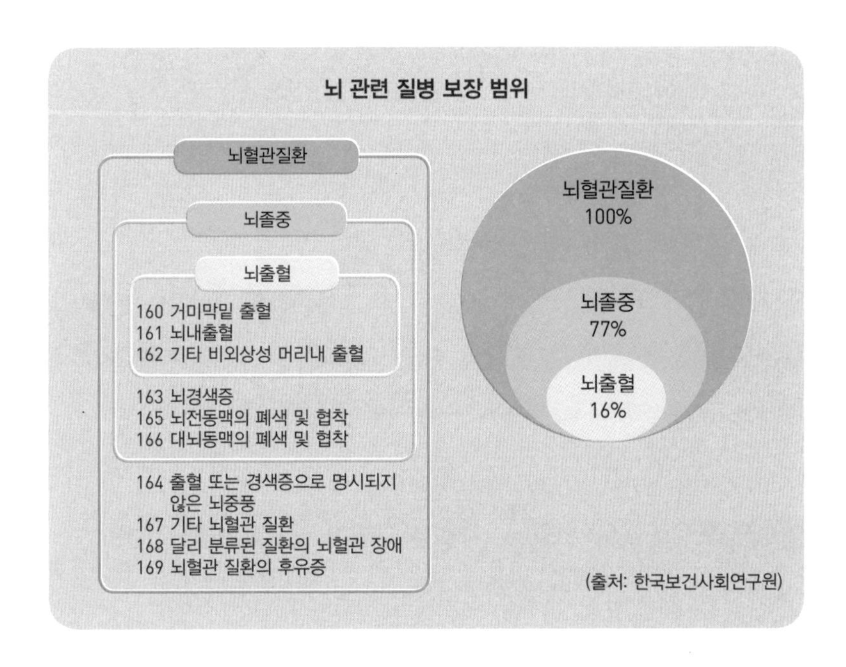

저축성 보험은 노후를 대비하는 연금보험과 비과세 혜택을 받을 수 있는 변액보험만 있으면 된다고 본다. 특히 은행, 카드사, 홈쇼핑에서 많이 판매하는 공시이율저축보험은 향후 지속적인 저금리가 예상되기 때문에 경쟁력이 떨어진다. 기존 가입자도 과도한 보험료로 인해 단기 재무목표 달성에 어려움을 느낀다면 과감히 정리하거나 감액할 필요가 있다. 저축성 보험이 3~4년 내에 원금에 도달할 확률은 무척 적다.

만약 기존 보험을 해지하기 힘든 경우에는 중도 인출 기능을 활용해보자. 이는 현재의 환급금에서 일부를 인출해서 사용할 수 있는 기능으로, 인출된 돈으로 수개월에서 수십 개월간 보험료를 더 낼 수 있다. 또한 특정 기간이 지나면 납입유예 기능도 있으니 보험료를 내기 버겁다면 이 기능도 활용해보자.

보험을 새로 가입하고자 한다면 가급적 설계사를 통해 가입할 것을 권한다. 은행·카드사·홈쇼핑에는 상품 종류도 적을뿐더러, 단 시간 내에 여러 고객을 상대로 매출을 올려야 하므로 설명이 불충분한 경우가 많다. 더욱이 "고객님은 저희 회사의 마케팅 정보 활용에 동의했다"면서 다짜고짜 상품 안내를 하는 경우도 많다. 도대체 언제 동의를 했는지 기억이 안 나는데도 말이다. 또한 이렇게 보험에 가입하면 이후 관리해줄 사람이 전혀 없다. 만약 텔레마케팅을 통해 가입하는 경우라면 꼭 통화 내용을 녹취하자.

단, 보험설계사는 최소 2~3년 이상의 경력을 가진 사람이 좋다. 지식의 양도 그렇고, 2~3년 이상 설계사 일을 한 사람이라면 쉽게 직업을 바꾸려고 하지 않는 경향이 상대적으로 높기 때문이다. 그리고 한 설계사 얘기만 듣지 말고 여러 곳의 상품을 비교해보자. 한 보험사에 전속해 있는 설계사로부터 그 회사 상품만을 제안받는 것보다, GA 설계사로부터 여러 보험사의 상품을 비교해서 제안받을 것을 추천한다.

GA(General Agency)

소비자들의 선택권을 넓히기 위해 여러 금융사와의 제휴를 통해 금융상품을 판매하는 독립법인 대리점. 실질적으로는 보험사들과만 제휴되어 있다.

그리고 무엇보다 보험에 대해 공부를 많이 하는 것이 좋다. 온라인 블로그에는 주로 자사의 보험을 광고하는 게시물이 많으니 온라인 카페에서 여러 소비자의 이야기를 들어보고 가입을 결정하는 것도 좋은 방법이다.

노후 대비가 미비하다

인생 100세 시대, 축복인가? 재앙인가?

오래 살 수 있다는 것은 큰 축복임에 틀림없다. 하지만 준비가 안 된 상태에서 오래 산다면 이야기는 달라진다. 준비 안 된 노후, 현재 우리나라에서 가장 크게 문제가 되고 있는 부분이다.

우리나라는 상당히 빠르게 늙어가고 있다. 전체 인구 중 65세 이상 인구가 차지하는 비율이 7% 이상일 때는 고령화 사회, 14% 이상일 때는 고령 사회, 20% 이상이면 초고령 사회로 여긴다. 고령화가 심각한 일본은 고령화 사회에서 고령 사회까지 24년, 초고령 사회까지 12년이 걸렸고, 미국은 각각 73년, 21년이 걸릴 것으로 전망된다. 반면 2000년에 고령화 사회가 된 한국은 2018년에 고령 사회가 되고, 2026년에 초고령 사회가 될 것으로 예상된다. 각각 소요되는 기간이 18년, 8년으로 일본·미국 등의 선진국보다 무척 짧다.

사회의 나이테는 늘어가는 반면 이를 위한 대비는 미약하다. 우리나라 노인의 빈곤율은 OECD 국가 중 최고라고 한다. 2014년 기준으로 우리나라 60대 이상 노인의 소득 대비 가계부채 비율은 161%에 달한다. 미국, 유럽을 비롯한 선진국 등 15개국 중 60대 이상 노인의 부채비율이 전 연령대 평균보다 높은 유일한 나라라고 한다. 2014년 통계청 발표에 의하면 65세 고령자들이 겪는 어려움 2위가 바로 경제적인 어려움이다. 정말 심각한 수준이다.

상대적으로 여성의 경우가 더 문제다. 우리나라 여성은 남성의 사후에 평균적으로 5~10년은 혼자 살아야 한다. 2012년 한국은행 조사에 따르면 40대 이상 여성의 50.3%만이 노후 준비를 하고 있다고 한다. 남성의 73.5%보다 많이 떨어지는 수치다. 우리나라 65세 이상 여성의 소득 빈곤율은 OECD 최고수준인 47.2%라는 발표도 있었다. 이외에도 우리나라 사람들이 노후 대비가 잘 안 되고 있다는 자료나 기사는 계속 쏟아져 나온다. 우리 사회가 시급히 해결해야 할 가장 큰 문제 중 하나이기 때문이다.

이렇게 노후 대비가 안 되고 있는 가장 큰 이유는 사회보장제도가 선진국에 비해 미비하기 때문이다. 그리고 이에 못지않게 영향을 많이 미친 것이 바로 지나친 사교육비 지출이다. 재무상담을 하며 내가 느낀 점은 노후자금 부족을 걱정하는 30~40대 고객은 자녀 사교육비 지출 비중이 높다는 것이다. 자녀를 좋은 대학교에 보내기 위한 사교육비 지출로 노후 대비는 늘 뒷전이다. 또한 미래를 대비하는 의

식이 약한 것도 문제다. 20~30대 고객들은 노후까지는 아직 꽤 멀다며 미리 대비하는 데서 생기는 이점을 망각한다. 사회보장제도가 취약한 나라에서 사는데도 말이다.

지금 바로 시작할 것

시대가 바뀌었다. 더 이상 자녀가 부모를 봉양해줄 것이라는 기대를 하지 않는 것이 좋다. 따라서 나이에 상관없이 미리 대비해야 의학 발달에 따른 평균 수명 연장의 열매를 달콤하게 따 먹을 수 있다. 특히 현재의 20~30대는 윗세대보다도 평균 수명이 더 길어졌기 때문에 더 일찍 준비하는 것이 좋다.

노후 대비의 3대 축은 연금, 부동산, 예·적금과 주식·펀드 등의 기타 금융자산이다. 재테크의 고전에 가까운 공식이지만 아직도 유효한 이론이다. 먼저 자신의 월 목표 노후자금을 현재가치 기준으로 설정해보자. 2015년 KB금융지주경영연구소의 '2015 한국 비은퇴 가구의 노후준비 실태 보고서'에서는 은퇴를 앞둔 우리나라 가구들이 노후 때 매달 평균 226만 원의 자금이 필요하다고 했다. 이 금액을 목표 노후자금으로 설정한다고 하자.

이 금액의 절반인 113만 원은 연금으로 준비하자. 연금은 크게 국민연금·사학연금·군인연금 등의 공적연금, 회사를 통해 가입하는 퇴직연금, 금융사를 통해 드는 개인연금이 있다. 이들을 두루 준비하는 것이 좋다. 먼저 국민연금공단 사이트에서 자신의 예상 노후자금을 확인해보자. 만약 65세부터 평생 매월 63만 원의 연금을 받는다고 예상되면 목표 대비 50만 원이 부족하게 된다.

현재 가입한 연금에서 65세부터 약 20만 원을 받는다고 하면 부족분인 30만 원을 메우기 위해 연금보험을 추가 가입하거나 기존 연금보험에 추가 납입하자. 이를 위해서 매월 어느 정도의 자금을 더 써야 하는지는 설계사에게 문의해보면 된다. 또 직장 퇴직연금에 가입해 있다면 이를 잘 활용할 필요가 있다.

예·적금은 1년 후 교육자금이나 다른 곳에 써버릴 수 있어 이런 유동성이 노후 대비 측면에서는 단점이다. 따라서 3년 내에 써야 할 자금이 아니라면, 절반은 일시납 연금이나 10년 만기 장기채권 등의 중장기 만기 상품에 불입하고 나중에 또 추가 납입하자. 안정적인 자산 증식으로 노후 대비를 하고 싶다면 채권형펀드나 채권혼합형펀드에 돈을 묻어두자. 물론 최소 6개월이나 1년에 한 번씩 수익률 체크를 하는 것은 잊지 말자.

만약 부동산이 있다면 은퇴 때까지 계속 가져가는 것이 좋다. 월세를 받아도 되고, 월세 금액이 적다 싶으면 다른 부동산을 사거나 월지급식 금융상품에 투자하면 된다. 수익형 부동산이 없다면 목표 노후자금을 만들기 위한 연금의 비중을 60~70% 수준으로 끌어올리는 것이 좋다. 만약 자신 명의의 집을 갖고는 있지만 연금이나 금융자산이 부족하고 수익형 부동산도 없다면, 은퇴 후 집을 활용해 **주택연금**을 받으면서 부족분을 메울 수 있다.

주택연금

거주 중인 집을 담보로 사망 시까지 분할대출을 받는 연금제도. 국가가 지급을 보증하며, 부부가 지급을 받다 한 명이 사망하면 남은 배우자가 동일 금액을 이어서 받을 수 있다.

자신들에게 필요한 노후자금으로 300만 원(현재

가치) 이상을 생각하는 부부들이 적지 않다. 반면 이를 위해 준비된 것은 별로 없다. 빨리 현실을 인식해 필요자금을 만들기 위해 저축금액을 늘리거나 목표자금을 낮추자. 그리고 자녀 교육비와 노후자금을 놓고 고민할 때 좀 더 냉정하게 생각해보자. 자녀를 위해 자신의 노후를 힘들게 보내도 좋을지 아닐지를.

특히 통계에도 나왔듯이 기혼 여성들의 노후가 더 걱정된다고 하니 남편에게만 의지하지 말고 스스로 노후 대비를 해야 한다. 소액이라도 연금보험을 준비하고, 국민연금을 내고 있지 않다면 임의가입을 해 일정 금액을 불입할 것을 권한다.

노후에는 병원비 부담도 만만치 않다. 실손의료보험과 3대 질병보험이 없거나 보장내역이 부족하다면 지금이라도 가입해 보장금액을 늘리는 것이 좋다.

무엇보다도 '필요하다면 지금 바로'라는 인식을 갖는 것이 중요하다. 노후를 위한 사회보장제도가 향후 더 좋아진다는 보장도 없다. 따라서 사회생활 1~2년차부터 노후에 대비할 것을 권한다. 재테크도 습관이다. 아직 먼 일이라고 생각해서 미루다 보면 결국 평생 미루게 된다.

인정에 얽매이고 의존적이다

"오랜만이다. 잘 지내? 나 최근에 ○○생명에 설계사로 들어갔어."

이런 전화를 받으면 뜨끔하기 마련이다. 또 무슨 보험을 들어줘야 하나 고민될 것이다. 30대 이상의 한국 사람이라면 적어도 한 번 정도는 경험해봤을 것이다. 친척, 친구, 전 직장 동료, 동호회 회원, 부녀회 회원 등 다양한 경로에서 이런 전화가 올 수 있다.

이렇게 인정에 얽매여 굳이 가입하지 않아도 될 상품에 가입해야 하는 경우가 종종 있다. 어쩔 수 없이 가입했다가 1년 후 손해를 보고 해지하는 경우도 꽤 봤다. 새로운 상품에 가입하고, 향후 관리를 꾸준히 받으면 문제가 없다. 하지만 설계사가 짧은 시일 내에 회사를 떠나면 '고아계약'이 돼 관리의 사각지대에 놓이게 된다.

사회초년생 중에서는 월 급여에서 소비지출을 제외한 모든 돈을 부모에게 맡기는 경우가 많다. "알아서 해주시겠죠." 왜 자신이 직접 하지 않고 부모님에게 맡기냐는 질문에 주로 나오는 답이다. 자녀의 돈을 받은 일부 부모들은 계(契)에 돈을 맡기기도 한다. 은행 금리보다 훨씬 높은 수익이 나오긴 하지만 계주가 도망치면 다 끝이다.

미국이나 유럽은 성인이 되면 부모와 떨어져 살고 재무적인 부분도 직접 챙긴다. 그런데 우리는 집에서 멀리 떨어진 대학교나 직장에 다니지 않는 이상 성인이 돼서도 부모와 같이 살고, 심지어 재무도 부모에게 맡기려는 의존적인 사람이 많다. 결혼 후에도 계속 부모에게 돈을 맡길 수는 없는 노릇 아닌가.

이런 의존적인 행동은 투자에도 만연해 있다. 어느 주식이 오를 것 같다고 주변 사람이 이야기하면 확인하지도 않고 바로 따라서 투자하곤 한다. 지인이 어느 종목에 투자해서 적지 않은 돈을 벌었다고 하면 상대적인 박탈감에 추격매수를 하게 된다. 이런 매매 형태를 '뇌동매매'라고 한다. 소문이나 시장 분위기에 편승해 사전 조사와 냉철한 판단 없이 금융상품이나 부동산 등에 투자하는 것을 말한다. 뇌동매매는 특히 테마주 투자에서 많이 나타난다. 근거 없는 급등세를 보이지만 주변 사람들의 말을 듣고 대박 꿈에 부풀어 추격매수를 하는 것이다. 그러다 주가가 폭락해 피해를 본 사람이 허다하며, 그러면 정보를 제공한 사람과 오랜 기간 소원하게 지내게 된다.

문제는 당사자가 뇌동매매를 하고 있다는 것을 인지하지 못하고 있거나, 과거에 뇌동매매로 실패했던 경험을 기억하지 못한다는 점이다. 매매 원칙 없는 충동 투자가 자연스러운 것이라 생각하고, 테마주에서 일어나는 최악의 경우를 생각하지 않으려 한다는 것이다.

증권사 자료에 너무 의지하려는 경향도 많다. 증권사의 보고서나 여러 전망 중에서는 맞는 것도 많지만 틀리는 것도 꽤 있기 때문에 선별을 잘 해야 한다. 대다수의 증권사들이 2015년 초반 당해 연도 증시에 대해 '상저하고'(上低下高, 상반기 약세와 하반기 강세)를 예상했지만 실제 증시는 이와는 정반대로 움직였다. 일부 증권사는 2015년 코스피가 2,350포인트까지 오를 것이라는 터무니없는 전망을 내놓기도 했다. 매년 증권사가 내놓는 주가 예측은 그다지 정확도가 높지 않다.

우리나라 증권사가 특정 주식을 매도할 것을 권장하는 내용이 담긴 매도 리포트를 쓰는 경우는 약 0.5%도 되지 않는다. 외국보다 훨씬 적은 비중이다. 하지만 주가가 떨어진 국내 종목은 꾸준히 있고, 개수도 상당히 많다. 이렇듯 증권사의 보고서에만 의지하면 낭패를 볼 수 있다.

인정과 실리를 잘 저울질하자

인정이 돈 벌어다 주는 건 아니다. 따라서 인정과 실리 사이에서 냉철하게 결정할 필요가 있다. 보험설계사든 은행이나 증권사 직원이든 기존 가입상품과 비슷한 상품을 제안하면 거절하고, 새로운 상품을 제안하면 타사 상품들과 비교해 현명한 선택을 하자. 필요하지도 않은데 인정에 이끌려 가입한 상품이 있다면 해지를 고민해보자.

성인이 되면 부모와 주거 독립은 못한다 하더라도 재무 독립은 이

뤄보자. 대학생 때 아르바이트로 번 돈을 CMA에 매년 모아놓은 후 목돈이 되면 이를 예금, 펀드 등에 분산투자해보자. 또한 자신의 급여를 부모에게 맡기는 직장인들은 재테크 입문서를 1~2권 읽은 후 앞으로는 자신의 힘으로 돈 관리를 해보자. 만약 아직 혼자 힘으로 어떤 금융상품에 가입하고, 향후 돈 관리를 어떻게 해야 할지 엄두가 안 난다면 전문가에게 상담을 받아보는 것도 좋은 방법이다.

뇌동매매를 하지 않기 위해서는 본인 스스로 매매 원칙을 세워야 한다. 주식의 경우 소문에 편승하거나 증권사의 보고서에만 의지하지 말자. 투자하기 전 주식 관련 책을 최소 두세 권 독파하고, 종목의 기본적 · 기술적 분석을 거친 후 적당한 타이밍을 잡아 분할 매수로 해당 종목에 접근하는 것이 좋다. 그리고 투자 전 자기 스스로 매매 준비가 돼 있는지 되새겨보자. 또한 목표수익률과 손절손실률을 정하고 손절 구간에 도달하면 꼭 손절해야 한다.

사후관리도 잘 안 한다

사례 1

개인사업을 하는 C 씨는 2007년 7월 국내외 주식형펀드 다섯 개에 총 5,000만 원을 투자하고, 중국과 인도에 투자되는 친디아변액유니버셜보험에도 2,000만 원을 투자했다. 사업이 잘되다 보니 일이 바빠서 펀드와 변액보험의 수익률을 신경 못 쓰다가 2008년 2월 초 그동안의 성적표를 보고 깜짝 놀랐다. 전체 수익률이 -20% 정도였기 때문이다. 10월까지 오르던 주식이 미국의 서브프라임 사태로 계속 떨어졌는데 너무 바쁘다 보니 투자한 상품을 못 챙겼던 것이다.

사례 2

직장인 D 씨는 2013년 초반 일주일 새 국내주식 다섯 개를 선택

했다. 그리고 3년 동안 일해서 모은 돈 2,500만 원 중 1,700만 원을 투자했다. 여유자금 중 많은 돈이 들어가다 보니 수익률이 궁금했다. 그러다 보니 근무시간이나 식사시간 등 하루에도 수차례 스마트폰을 통해 투자한 종목의 주가를 체크했다. 심지어 전날 미국 증시가 하락했을 경우, 폭락이 우려돼 오전 회의 때도 몰래 주가를 확인하다 직장상사에게 걸려 혼나기도 했다.

사후관리, 좋은 포트폴리오의 실행만큼이나 중요한 사항이다. 공부 많이 하고 발품 많이 팔아서 실행한 포트폴리오가 잘되어가고 있는지 체크하느냐 안 하느냐에 따라 재테크의 성패가 갈릴 수도 있다. 그런데 실제 재무상담 때 물어보면 펀드나 변액보험, ETF, ELS 등의 간접투자 상품에 대한 사후관리를 주기적으로 하는 사람은 많지 않다. 바쁘거나 귀찮아서라는 이유가 대부분이고, 자주 신경 쓸 필요성을 못 느껴서라는 이유도 있었다. 너무 넋 놓고 있다가는 C 씨처럼 수익률 하락으로 손실을 입을 수도 있다.

반면 주식에 투자한 사람은 너무 자주 확인해서 탈이다. D 씨 같은 경우가 실제로도 많다. 그런 사람들은 그날그날의 주가 등락에 일희일비하게 된다. 중간점검도 너무 자주 하면 정신건강에 해로울 수 있다. 이렇게 너무 자주 확인하는 사람들은 중장기 투자보다는 '단타'(단기투자)를 치는 경우가 대부분이다.

사후관리가 안 되는 것은 개인의 문제이기도 하지만, 그만큼 제대로 관리해주는 관리자가 부족한 것도 원인이다. 많은 사람들이 받고 있는 재무설계는 주로 보험설계사들이 진행하는 경우가 많다.

하지만 금융감독원 자료에 의하면 2013년 4월부터 12월까지 우리나라 보험설계사의 1년 정착률은 생명보험의 경우 35.7%, 손해보험의 경우 43.7%라고 한다. 1년 정착률은 한 보험사에서 설계사 일을 시작한 후 1년 동안 남아 있는 비율을 말한다.

보험 가입 시 오랫동안 관리해주겠다고 약속했지만 50%가 넘는 설계사들이 1년도 안 돼 회사를 떠난 것이다. 주로 지인 위주로 영업하다가 더 이상 만날 고객이 없으면 이직을 하고, 이에 따르는 관리 부재 등의 피해는 고스란히 고객이 떠안게 된다. 이전 설계사가 떠난 후 수개월이 지나면 해당 보험사의 다른 설계사로부터 연락이 온다. “제가 앞으로 ○○○님의 관리를 맡게 됐습니다. 기존에 저희 회사에서 가입한 보험에 대해 진단해드리고 기타 필요한 상담을 해드리겠습니다”는 내용이다. 하지만 실상은 새로운 보험상품에 대한 제안이 많다. 또한 고객이 기존 설계사를 통해 가입한 보험상품에 대한 해지 권유도 적지 않다. 다시 말해 기존 상품 깨고 새 상품 가입하라는 이야기다.

재무설계 컨설팅은 재무상황에 대한 진단, 설계, 그리고 사후관리가 핵심인 서비스다. 그렇기에 중장기로 진행해야 한다. 물론 한 직장에서 오랫동안 일하면서 꾸준히 사후관리를 해주는 설계사도 많다. 하지만 금방 보험업계를 떠나는 사람에게는 중장기 관리를 받을 수 없고, 여러 보험사를 옮겨 다니는 설계사에게는 새로운 회사의 보험상품을 제안 받는 경우가 많다.

은행과 증권사 PB는 순환근무에 따라 주로 3~5년마다 지점이나 부서를 옮긴다. 해당 PB가 순환근무로 인해 멀리 있는 지점으로 옮기면 그 PB에게 자산관리를 받았던 고객들은 고민에 빠진다. 한두 번은 모르겠지만 상담받기 위해 매번 그 PB를 찾아가자니 너무 멀고, 기존 지점의 새 PB에게 맡기자니 망설여지기 때문이다.

그리고 일부 증권사 PB들은 주식 수익률을 자주 알려준다. 그것까지는 좋다. 그러나 매매를 너무 자주 하려고 해서 문제다. 그들이 그러는 이유는 주식의 매매 회전율을 높여 수수료를 많이 가져가려고 하기 때문이다.

이런 장기 관리자의 부재는 재테크의 연속성 측면에서 문제를 드러내게 되어 있다. 새로운 관리자를 찾아 나서는 데 늘 기회비용이 발생하기 때문이다. 더 큰 문제는 재테크가 자신의 재무목표대로 잘 흘러가고 있는지, 상품은 잘 가입한 것인지 혼자서는 진단하기가 쉽지 않다는 것이다.

1~3개월 주기의 중간 점검

펀드나 ETF, 변액유니버셜보험 같은 간접투자 상품은 1개월이나 적어도 분기마다 1회씩 중간 점검을 하는 것이 좋다. 금융사 홈페이지에서 확인해도 되고, 매월 금융사에서 보내주는 수익률 관련 메일을 보면서 체크해도 된다. 또는 관리자에게 물어봐도 된다. 주식투자를 단타로 한다면 1일 1~2회 정도, 중장기 투자 목적이라면 1개월에 1~2회씩만 확인하자. 수익률 변동 폭이 가장 큰 상품인 주식의 경우

1개월에 한 번씩은 시간을 내서 40페이지의 자산현황표에 수익률과 평가액을 적어보자.

투자한 펀드에 대해 목표수익률을 정했다면 이에 도달할 경우 문자로 알려주는 서비스가 있으니 해당 금융사에 신청해보자. 해당 상품에 대한 정보도 계속 찾아보는 것이 좋다. 만약 수익이 났고 해당 상품에 대한 전망도 좋아졌거나, 전망은 좋으나 다른 문제로 인해 주가가 빠졌다면 추가 납입이나 '물타기'를 할 수도 있다. 물타기는 투자한 주식의 가격이 하락했을 때 손실을 빨리 만회하기 위해 매입 수량을 늘려 평균 매입 단가를 낮추는 방법이다. 예를 들어 어느 종목이 1만 원이었을 때 10만 원을 들여 10주를 샀는데 이 종목의 가격이 1주일 후 9,000원으로 떨어졌다고 하자. 이때 다시 9만 원을 들여 10주를 샀다면 평균 매입 단가는 9,500원(=[(1만 원×10주)+(9,000원×10주)]/20주)이다. 그런 후 주가가 다시 1만 원을 회복하면 평균 매입 단가가 9,500원에서 500원 오른 것이니 총 20주를 합산하면 1만 원을 벌게 된다.

적립식으로 투자한 펀드와 ETF가 손실이 발생한 데다 향후 전망도 좋지 않다면 납입 중지를 해 더 큰 손해를 막을 수도 있다. 이렇듯 자신의 돈을 지키기 위해서는 적절한 사후관리가 중요하다.

이런 관리를 믿을 만한 관리자를 통해 받을 수도 있다. 단, 정말 믿을 만해야 한다. 자기 자산의 적지 않은 부분을 맡길 사람이라면 금융사 경력, 금융관련 지식, 자격증, 성실성 등 여러 가지를 파악하는 것이 좋다. 보험이나 주식 등 한 분야에서만 일하는 사람이 아니라 다방면에서 컨설팅이 가능한 전문가를 만날 것을 추천한다.

가능하다면 유료 컨설팅도 고려해보자. 미국에서는 자산관리 상담에 대해 의뢰금액의 1%를 수수료로 지불하는 반면, 우리나라에서는 아직 상담에 대한 수수료를 지급하는 것에 대해 인색하다. 그러나 컨설팅의 객관성과 완결성을 높이고 꾸준한 사후관리를 받기 위해서는 유료 컨설팅도 상당히 효과적인 방법이다.

알면서도 잘 안 바꾼다

"모르는 것도 문제지만 알면서도 안 바꾸는 것이 더 큰 문제다." 내가 재무상담을 하면서 자주 쓰는 말 중 하나다. 몰랐던 것은 알려주면 되지만 실천하지 않는 것은 달리 방도가 없다. 매월 전화나 SMS로 확인할 수도 없는 노릇이다.

대표적인 불이행 항목 중 하나는 선저축 후소비다. 당장 써야 할 것이 많기에 저축이 선뜻 앞서지 않는 것이다. 이렇게 1년을 보내면 상황은 같아지는데도 1년 후에도 잘 바꾸지 않는다. 투자성향의 조정이 바탕이 된 자산 분포의 변경도 그다지 쉽게 실천되지 않는 부분이다. 예금 금리가 너무 낮아 자산 리모델링을 하고 싶다고 해서 중위험·중수익 상품으로 조금씩 자산의 이전을 권해도 망설이는 사람이 많다. 원금 손실이 우려돼서라고 한다. 그렇다면 계속 예금에만 둬야 한다.

반대로 주식투자만 주로 하는 사람은 수익에 대한 눈높이가 꽤 높다. 위험도를 낮추기 위해 적극투자형, 위험중립형 상품 등으로 분산하라고 권해도 잘 하지 않는다. 기존에 주식투자로 연 20~30% 이상 수익을 벌었던 생각에 젖어 연 수익률 10% 정도가 기대되는 상품에는 성이 차지 않는 것이다. 그러다 손실이 나면 이 손실을 빨리 메우기 위해 더 위험도가 높은 주식에 투자를 하고, 이 주식이 다시 하락하는 악순환을 거듭한다. 개인투자자가 주식투자로 돈을 버는 경우는 별로 없다. '주식투자로 (전체 평균) 수익이 났다'기 보다는 '수익이 났던 적이 몇 차례 있었다'는 표현이 더 맞을 것이다.

상품 측면에서 보면 가장 지켜지지 않는 부분이 바로 신용카드의 과다 사용이다. 우리나라 국민들의 신용카드 사용량은 최고 수준이다. 글로벌 정보분석기업 닐슨(Nielsen)이 2012년 발표한 자료에 따르면 이스라엘, 홍콩, 프랑스, 터키 다음으로 한국인들이 신용카드를 많이 사용한다고 한다. 2010년에 있었던 한 조사에 의하면 신용카드 사용액이 우리나라 GDP에서 차지하는 비중은 무려 35.1%였다. 독일(1.7%), 영국(7.7%), 호주(16.8%) 등의 선진국에 비해 압도적인 우위를 보이는 수치다.

신용카드는 선결제 후상환 방식이다. 최근에는 누적금액이 표시되어 있지만 이마저 잘 보지 않기 때문에 절제 있는 소비와는 거리가 먼 상품이다. "신용카드 없애야 하는데…"라면서도 쉽게 못 없애고, 설령 가위로 잘라 없앴다 해도 몇 개월 지나지 않아 혜택 좋은 신용카드를 다시 신청한다. 소득공제를 더 받기 위해, 특히 사회초년생의 경우 소비를 절제하면서 목표했던 목돈을 잘 마련하기 위해 체크카드를 사용하라고 해도 마찬가지다. 신용카드가 주는 할인 혜택과 포인트를 잊지 못해 오늘도 내일도 열심히 긁는 경우가 부지기수다.

자신에게 맞는 재무진단과 포트폴리오 제안을 받고 나서 오랫동안 고민만 하다 타이밍을 놓치는 이들도 더러 있다. 또한 바꿀 것이 많다고 인지하면서도 여러 금융사에 가거나 전화하기가 귀찮고, 혹은 시간이 나지 않아 리모델링을 못 하는 경우도 있다. 어떤 경우든 결국 1~2년 후에 달라진 것은 전혀 없게 된다.

재테크는 테크닉이 아니라 습관이다

재테크의 성패는 습관에 달려 있다. 소비를 줄이려면 체크카드를 주로 쓰는 습관이 몸에 배야 하고, 원하는 목돈을 마련하려면 먼저 저축하고 남는 돈으로 소비하는 습관을 들이자. 그렇지 않으면 늘 제자리걸음이다. 벼락치기로 부를 늘려가려는 요행수는 버리고 착실히 모으려는 습관을 들이자. 재테크는 테크닉보다는 습관에 더 가깝다.

재테크는 아는 것도 중요하지만 실천이 더욱 중요하다. 실천이 동반되지 않는 재테크 지식은 아무 의미가 없다.

3장

리모델링, 이것만은 알고 하자

포트폴리오의 핵심은 중위험 · 중수익으로

우리나라 사람들의 금융 포트폴리오를 보면 편식이 심하다. 예금에만 모두 넣어두거나 고수익을 노리고 주식 또는 주식형펀드 위주로 투자하는 식이다. 예금에만 넣어두는 사람은 늘 수익률이 낮다고 불만이고, 주식 투자하는 사람은 계속 잃으면서도 '언제가 한 방 터지겠지' 하면서 막연한 기대감에 젖어 있다. 한마디로 '중용'의 미덕을 모른다. 이 같은 **투자성향과 포트폴리오의 편식에 대한 리모델링이 필요하다.**

'안정성 두 스푼, 위험성 한 스푼'이란 말이 있다. 수익률에 대한 기대치는 낮추고 원금 손실의 우려가 적게 포트폴리오를 가져가라는 의미다. 이런 투자철학을 잘 반영한 것이 5년 전부터 유행하기 시작하던 중위험 · 중수익 투자다. 내가 재무상담 때 가장 많이 추천하는 상품군이자, 이 책에서 리모델링 후 포트폴리오에 가장 높은 비중으로 구성하라고 강조하는 핵심 상품군이다.

중위험 · 중수익 투자는 단순히 분류하면 고위험 · 고수익(주로 주식)

과 저위험 · 저수익(주로 예금)의 중간적 형태다. 투자성향으로 보면 위험중립형에 해당한다. 1997년 외환위기가 발생하기 전 예금 금리가 10% 이상이던 시절에는 주로 예금에만 불입했고, 증시가 한창 오르던 2007년 하반기 전까지는 주식이나 주식형펀드에 투자하는 등 그동안 우리는 편식을 심하게 해왔다. 그러다 비교적 안정된 형태의 투자 방법이 유행하게 됐다.

나는 5년 전부터 중위험 · 중수익 투자에 대해 '원금 손실 우려는 비교적 적으면서 연 4~8% 정도의 수익이 기대되는 투자'로 정의해 왔다. 확정 수익률을 제공하지 않기 때문에 '확정'보다는 '기대'라는 표현이 맞다. 그리고 '원금 손실의 우려가 적다'는 것은 '원금 보장은 안 되지만, 수년 동안 지켜본 결과 1년 기준으로 원금 손실된 적이 거의 없었거나, 있더라도 -3~-4 % 정도의 감내할 수준이다'라고 풀이할 수 있다.

언론에서는 종종 '시중금리+α'의 투자라고도 한다. 여기서 α는 시중금리보다 수익을 더 가져갈 수 있다는 것을 의미하는 것 같다. 하지만 이는 중위험 · 중수익 투자에서도 원금 손실이 발생할 수 있다는 사실을 간과한 표현인 듯하다.

코스피가 지난 5년간 지루한 박스권 장세를 보이자 중위험 · 중수익 투자는 재테크의 대세로 자리 잡았다. 그리고 이런 투자 방법에 적합한 대표적인 상품들은 아래와 같다. 많은 언론에서 중위험 · 중수익 상품으로 분류하는, 혹은 중위험보다는 위험도가 약간 높거나 낮은 상품들도 포함해보았다.

채권형펀드, 채권혼합형펀드, 지수형 ELS,

롱숏펀드, 배당인컴펀드, 글로벌자산배분펀드

채권형펀드는 크게 국내와 해외로 나뉘는데 국내채권형펀드는 대부분 신용등급 AA~AAA의 안전한 국공채에 투자하기 때문에 원금 잃지 않는 투자에 가까운 상품이라 할 수 있다. 해외채권형펀드는 크게 선진국채권, 이머징채권, 하이일드채권으로 나뉜다. 선진국채권은 미국과 유럽 정부에서 발행하는 국공채에 투자하는 채권형펀드로 안정성이 높다. 신흥국 정부에서 발행하는 채권인 이머징채권은 선진국채권보다 기대수익률이 높으며, 2009년 이후 신흥국의 성장세와 궤를 함께했다. 하이일드채권은 전 세계 BB+ 이하 투기 등급의 회사채에 투자하는 상품으로 글로벌 경기가 좋을 때는 선진국채권과 주식형펀드의 중간 정도의 수익률로 꽤 많은 인기를 구가해왔다. 기대수익률로 본다면 하이일드채권, 이머징채권, 선진국채권 순으로 높다. 물론 위험도도 이에 비례한다.

수년 전부터 중위험·중수익 상품 중 핵심상품으로 떠오른 채권혼합형펀드는 채권(국내 국공채)에 60~70%, 주식에 30~40% 투자하는 상품이다. 채권의 안정적인 수익을 주요 기반으로 하면서 α로 주식의 수익까지 노릴 수 있다. 다년간 비교적 안정적이고 예금보다 높은 수익을 올리고 싶다면 채권혼합형펀드를 추천한다.

ELS(Equity-Linked Securities, 주가연계증권)는 지수형과 종목형으로 나뉜다. 지수형은 주로 코스피200이나 S&P500, EUROSTOXX50,

홍콩H 지수 중 2~3개를 기초자산으로 하고, 종목형은 국내의 특정 두 개 종목 정도를 기초자산으로 한다. 둘 모두 기초자산이 3년간 최초기준가보다 40~50% 밑으로만 떨어지지 않으면 연 7~8%의 수익이 3개월이나 6개월마다, 또는 만기 때 지급된다. 증권사에서는 한동안 ELS를 주력상품으로 엄청나게 판매했고, ELS는 최근 몇 년 동안 '국민 재테크상품'으로 불리면서 중위험 · 중수익 투자의 대표주자로 자리 잡았다. 하지만 증시가 하락하던 2015년 말 종목형 ELS에서 적지 않은 상품들이 낙인(Knock In) 구간에 들어갔고, 2016년 초반에는 홍콩증권거래소에 상장된 우량종목으로 이루어진 주가지수인 홍콩H 지수를 기초자산으로 삼은 지수형 ELS 중 다수의 상품이 낙인 구간에 들어갔다. ELS 대란이 일어날 정도였다.

낙인이란 손실발생 기준구간을 말한다. 예를 들어 기초자산이 A종목, B종목이고, 이들 중 한 종목이라도 3년간 50% 이하로 떨어진 적이 없으면 3년간 연 8% 수익을 지급하는 종목형 ELS가 있다고 하자. 그리고 원금 손실이 확정되는 만기 기준 수익률을 -20%라고 가정하자. 2년 후 A종목이 55% 하락한 후(수익률 -55%) 1년 뒤인 만기 때 최종 10%만 하락(수익률 -10%)한 정도로 끝났다고 하면 약정된 3년 동안의 수익이 만기 때 지급된다. 반면 A종목이 2년 후 55% 하락한 후 만기 때 최종 30% 하락한 것으로 끝나면 수익률은 -30%로 원금 대비 30%의 손실을 보게 된다.

낙인 조건으로 인해 큰 금액의 원금 손실 우려가 발생하자 노 낙인(No Knock-In) 상품들에 돈이 몰리고 있다. 노 낙인 상품은 중도에 낙인 조건 없이 만기 때 기준 수익률 이상만 달성하면 약정기간 동안의 약정수익률을 지급하는 상품이다. 예를 들어 기초자산이 3년 후 40% 이상 하락하지 않으면 연 수익 8%를 지급하는 식이다.

나는 수년 전부터 적지 않은 위험성 때문에 종목형 ELS는 추천 포트폴리오에서 아예 배제했고, 지수형 ELS 중에서도 홍콩H 지수를 기초자산으로 삼는 ELS는 추천하지 않았다. 개별 종목이 3년간 50% 이하로 떨어질 확률이 그리 낮지 않은 데다 홍콩H 지수는 변동성이 다른 지수에 비해 크기 때문이다. 결국 3년간 50% 이하로 떨어질 가능성은 적을 것이라는 증권사 직원의 말만 믿고 투자했던 투자자들이 큰 원금 손실의 위험에 봉착했던 것이다. ELS들은 어느덧 중위험보다는 중고위험 또는 고위험에 가까워졌다.

반면 나는 ELS 투자를 희망하는 사람들에게는 주로 코스피200이나 S&P500, EUROSTOXX50 지수를 기초자산으로 삼는 상품을 추천했다. 이들 지수는 홍콩H 지수에 비해서는 변동성이 적기 때문이다. S&P500은 미국의 500개 대형기업들로 이뤄진 주가지수이고, EUROSTOXX50은 유로존의 50개 우량기업들로 구성된 주가지수다. 물론 1929년 미국 경제대공황 이후 최악의 글로벌 금융위기로 불렸던 2008년 금융위기 때는 코스피가 1,000포인트보다 훨씬 밑으로 떨어지긴 했다. 하지만 우리나라 증시를 대표하는 종목들로 이뤄진 코스피200이 당분간 50% 이하로 떨어질 가능성은 적어 보인다. 때문에 이 지수들을 기초자산으로 삼는 지수형 ELS를 중위험·중수익 상품으로 추천하고 싶다.

ELS의 대안으로 ELB(Equity-Linked Bond, 주가연계파생결합사채)에 대한 투자도 고려해보자. ELS는 예전에는 원금 보장형과 비보장형으로 나뉘었는데 2013년 법 개정에 의해 원금 보장형은 ELB로 재분류됐다. ELB는 판매사가 문을 닫지 않는 이상 원금은 보장된다. 또 상품 조건에만 맞아떨어진다면 연간 최대 10%까지도 수익을 기대할 수 있는 상품이다.

롱숏(Long-Short) 펀드는 투자 위험을 많이 줄인 펀드로서 3~4년 전부터 인기를 끌기 시작했다. 여기서 '롱'은 매수를, '숏'은 공매도를 의미한다. 공매도는 특정 기업의 주가가 내려갈 것으로 예상될 때 행하는 투자 기법의 일종이다. 주식을 빌린 후 주가가 내려가면 내려간 가격에 주식을 사서 빌린 주식을 갚아 차익을 올리는 방법이다. 예를 들어 환율 상승이 예상된다고 하면 환율 상승으로 수혜를 입을 수출주에 매수 주문을 내고, 환율 상승으로 피해를 입을 내수주에 공매도 주문을 내는 식으로 투자한다. 또는 향후 주가 예측이 어렵다고 할 때 절반은 특정 종목들에 대해 매수 주문을 내고, 절반은 특정 종목들에 대해 공매도 주문을 낼 수도 있다. 이 경우 코스피의 상승과 하락에 관계없이 일정한 범위 내에서 수익(또는 손실)이 발생될 수 있다. 언론에서는 롱숏펀드를 '절대수익 상품'이라고 표현하지만, 손실 가능성도 적지 않기에 절대수익을 가져갈 수 있는 상품은 아니다. 그럼에도 상승과 하락에 모두 베팅하면서 위험을 분산할 수 있고, 심지어 대세하락장에서도 수익이 발생할 수 있는 장점이 있다. 따라서 안정성을 따지면서 수익률에 대한 기대치를 낮게 잡은 사람에게는 어울릴 수 있는 상품이다.

배당인컴펀드와 글로벌자산배분펀드도 넓게는 중위험·중수익 상품으로 분류하기도 한다. 배당인컴펀드는 글로벌 주식의 배당과 채권의 이자 수입을 안정적으로 챙길 수 있다는 장점이 있다. 그러나 주식이 폭락하면 이들 배당과 채권이자가 안겨주는 수익보다 더 큰 손실이 발생할 수 있으니 유념하자.

글로벌자산배분펀드는 국내외 주식, 채권, 원자재 등에 고루 분산투자한다는 것이 가장 큰 장점이다. 분산효과는 극대화할 수 있으나 글로벌 주식 하락장에서는 손실을 면하기 어려우니 비중은 크게 두지 않는 것이 좋다.

중위험·중수익 투자는 이에 해당하는 상품들을 담는 방법 외에 비슷한 투자성향의 상품들에 비슷한 비중으로 분산투자하는 방법도 있다. 예를 들어 100만 원을 적극투자형인 가치주펀드와 안정추구형인 국내채권형펀드에 50만 원씩 분산하는 식이다.

투자 포트폴리오를 짤 때는 가급적 중위험·중수익 상품의 비중을 50% 이상으로 가져가거나, 다양한 투자성향의 상품에 골고루 투자할 것을 권한다. 그래야 자산을 안정적으로 불릴 수 있다. 여기서 자신의 성향이 공격투자형이면 주식과 주식형펀드의 비중을 조금 더 높이고, 성향이 그 반대라면 예금과 국내채권형펀드의 비중을 더 높이면 된다.

현재의 자산이 안정형과 공격투자형으로 이분화되어 있다면 투자

트렌드에 맞춰 위험중립형의 중위험·중수익 상품을 더 큰 비중으로 늘리며 자산 리모델링을 해볼 필요가 있다.

Key Point

- 예금과 주식 비중을 줄이고 중위험 · 중수익 상품으로 이동할 필요가 있다.
- 중위험 · 중수익 투자는 원금 손실의 우려는 비교적 적으면서 연 4~8% 정도의 수익이 기대된다.
- 이와 관련된 상품에는 채권형펀드, 채권혼합형펀드, 지수형 ELS, 롱숏 펀드 등이 있다.

국내외 위기 상황에서 돈을 잃지 않는 법

우리나라 사람들은 대체로 희망적인 면만 생각하면서 투자를 한다. 반면 위험에 대한 대비는 부족한 편이다. '설마 그러겠어'라고 막연한 희망을 가져서이기도 하고, 방법을 몰라서이기도 하다. 그러다 보니 위기 상황이 오면 원금 손실을 적잖이 보게 마련이다. **위기에 대비하지 않는 안이한 사고, 그리고 위기가 터져도 적극적으로 대응하지 않는 취약한 행동력에 대한 리모델링이 필요하다.**

투자에는 늘 위험이 따른다. 글로벌 경제가 출렁거리든, 해당 종목의 순익이 대폭 떨어지든, 아니면 정부 정책에 의해 영향을 받든. 따라서 늘 리스크에 대비해 돈을 잃지 않거나 잃더라도 최소화시킬 수 있는 만반의 준비를 해야 한다. 2008년 금융위기 시절 코스피의 대폭락에 대비해 미리 또는 위기가 실현되는 초기에 공격자산을 매도한 사람은 손실을 크게 줄일 수 있었다.

위기 시 가장 쉽게 취할 수 있는 전략이 바로 현금화다. 향후 주가가 계속 떨어질 것으로 예상되면 주식이나 주식형펀드, ETF 등 위험자산을 매도 또는 부분매도 하고 CMA에 안전하게 보관해두는 것이다. 그러나 손실이 난 상황에서 현금화 한다는 것은 손실을 감수한다는 것이기 때문에 급전이 필요하거나 투자 대상이 향후 계속 떨어질 것이라는 확신이 서지 않는 이상 이때의 현금화 전략에는 신중을 기해야 한다.

현금화하고 싶다면 여러 상품 중에서 수익이 가장 많이 난 상품들 위주로 매도하자. 투자한 결과 손실을 입은 경우가 많았다면 손절 구간을 정해 해당 구간 내의 상품들은 정리하자. 예를 들어 손절 구간을 -10% 이내로 잡았다면 수익률 -10% 이내의 상품들은 모두 매도하는 식이다. 그리고 손절 구간을 넘어서는 상품들은 손실 규모가 크기 때문에 손실 폭이 줄어들기 전까지는 계속 보유하는 식의 전략을 취하자.

만일 향후에 해당 주가가 떨어질 것이라고 생각된다면 인버스 ETF와 인버스펀드를 사들이는 것도 좋은 방법이다. 국내 인버스 ETF는 코스피 지수가 떨어지면 수익이 나는 상품으로, 주로 주가가 적정선 이상으로 올랐다고 판단될 때 매수세가 집중된다. 그리고 향후 어떻게 될지 모르겠지만 상승보다는 하락 가능성이 더 높아 보인다면, 인버스 ETF와 코스피200 ETF를 적절히 섞어 위험에 따른 손실을 줄이는 방법도 있다. 예를 들어 100만 원이라는 자금이 있을 경우 인버스 ETF에 60~70만 원을, 코스피200 ETF에 30~40만 원을 투자하는 식이다.

위기 때 빛을 보는 상품에 자금을 옮기는 것도 아주 효과적인 방법이다. 전세계적으로 안전자산으로 꼽히는 것들은 미국 달러(이하 달러), 미국 국채, 스위스 프랑 등이다. 2015년 7월 그리스 재정위기 때는 달러에의 투자가 적절했다. 그리스 재정 위기로 인해 유로화 가치가 떨어지면서 상대적으로 달러 가치가 상승했다.

이처럼 유럽이나 기타 지역의 재정 위기, 지정학적인 리스크는 해당 국가의 주가를 떨어뜨린다. 그리고 화폐 가치와 원자재 값도 떨어지게 만든다. 그러면 기축통화이자 대표적인 안전자산인 달러 값은 오르는 경향이 있다. 이런 위기 상황들이 달러 투자자에게는 역으로 좋은 기회가 되는 셈이다.

개인투자자로서 미국 국채를 산다면 그 중 미국채권형펀드를 택하는 것이 가장 보편적이다. 반면 금은 최근 안전자산으로서의 지위를 잃었고, 일본 엔화도 수년간의 **양적완화**와 일본중앙은행의 마이너스 금리 실행 이후 많이 출렁거려 안전자산으로 부르기는 어려울 것 같다.

다양한 펀드를 담고 있는 변액보험도 가입해서 잘 활용해보자. 변액보험은 국내주식형펀드, 국내채권형펀드, 해외주식형펀드, 해외채권형펀드 등 다양한 펀드들 외에 MMF도 담고 있는 상품이다. 주가 상승기에 주식형펀드로 옮겼던 자금을 하락기에는 채권형펀드나 MMF에 자유롭게 옮길 수 있다. 향후 주가 예측이 어려우면 주식형펀드와 채권

양적완화

경기 침체기에 중앙은행이 시중에 돈을 풀어 신용경색을 해소하고 경기를 부양시키기 위한 방법. 미국 중앙은행(FRB)은 2009년 3월부터 양적완화 정책을 통해 천문학적인 금액을 시중에 공급하며 미국 경기를 살렸다.

형펀드의 비중을 각각 50%씩 가져가거나 채권형펀드의 비중을 높이면 된다. 주식과 채권 값의 동반 하락이 예상된다면 아예 MMF형으로 옮겨 내 돈을 안전하게 지킬 수 있다.

주가의 상승이나 하락을 예상해서 적극적으로 머니 무브 전략을 취하는 사람이라면 선물 옵션 투자도 주효하고, 하락 시에도 수익을 낼 수 있는 롱숏펀드도 눈 여겨 보자.

이런 적극적인 머니 무브 전략을 취하지 않고 안전상품에만 투자하는 것이 더 좋은 방법일 수도 있다. 전통적인 예금과 적금에 넣어두는 것이다. 하지만 지금은 워낙 초저금리시대이기 때문에 수익률이 무척 낮다는 것은 감수해야 한다.

채권은 전통적인 안전자산이다. 또한 주가와는 반대의 움직임을 보이는 경우가 많다. 따라서 주가 하락이 염려되면 일단 안전자산인 채권으로 옮겨놓길 권한다. 위기 시에는 채권 중에서 개별회사채권보다는 간접상품인 채권형펀드를, 신흥국이나 하이일드채권보다는 안전한 국내채권형펀드와 선진국채권형펀드를 추천한다. 개별회사채권 중에서 A- 이하 등급의 채권은 2013년 동양, STX, 웅진그룹의 사례처럼 원금 손실을 많이 볼 수도 있기 때문에 위기 시에는 적합하지 않다.

위기 상황일 때 비로소 자신의 재무관리자가 성실하고 능력 있는 사람인지 판가름 난다. 상품 가입 시에만 열정을 보이는 관리자보다는 지속적인 정보와 관리를 제공하는 관리자가 낫다. 또 2015년 여름 그리스 재정위기와 중국 주가 폭락 시기 같은 위기 상황에서 투자 전략을 짜주고 위기관리를 해줄 수 있는 관리자가 낫다. 이런 관리자를 만나느냐 여부가 장기 레이스에서의 성패를 가른다. 장기 관리가 중요한 변액보험도 투자자가 주가의 상승과 하락을 예측하기 쉽지 않으니 가입 후 관리자에게 지속적인 관리의견을 요청해보자.

투자에 따른 위험에 대비하기 위한 위기관리 매뉴얼을 정리해보면 다음과 같다.

1. 위기가 다가온다 싶으면 현금화를 하자. 수익이 난 상품 위주로 현금화하고, 위기가 오래 갈 것 같으면 손절 구간 내의 상품들도 매도하는 것을 고려해보자.

2. 위기 때 오히려 수익을 내는 인버스 상품이나 대표적 안전자산인 달러 관련 상품 등으로 위험자산에 있는 자금을 옮겨보자.

3. 위기가 신경 쓰인다면 안전자산과 비안전자산의 비율을 7:3~8:2로 바꿔보자. 그러다 본격적인 위기가 올 것이라는 확신이 선다면 모두 현금화하거나 안전자산으로 옮기자.

4. 늘 위기를 주시하는 것이 바람직하다. 그러나 미처 신경 쓸 겨를이 없거나 위기가 와도 어떻게 대처해야 할지 모르겠다면 전문가에게 맡기는 것도 좋다.

5. 위기 상황에 일일이 대응하기 힘들 것 같다면, 아예 처음부터 안전한 자산에 투자하거나 비교적 덜 위험한 중위험·중수익 상품 위주로 포트폴리오를 구성하자.

Key Point

- 손실을 방지하려면 위기관리 매뉴얼이 필요하다.
- 주가 폭락 등의 위기가 다가온다 싶으면 매도해서 현금화하거나 달러, 채권 등의 안전자산으로 이동하자.
- 최초 포트폴리오를 짤 때부터 위험도가 낮은 안전자산이나 중위험 · 중수익 상품의 비중을 높이는 것이 중요하다.

우리가 잊고 있던 펀드 가입의 정석

지인들에게 금융상품을 어떤 경로를 통해 가입했냐고 물어보면 대부분 "은행직원이 권해서" "친구가 권해서" "신문이나 인터넷 검색해보니 괜찮은 것 같아서"라고 답한다. 그러나 아무래도 금융사 직원이 권해준 것 중엔 자사 상품이 많기 마련이다. 인터넷에 떠다니는 정보 중에도 부정확한 것이 무척 많다. 금융상품을 가입하는 데 자신만의 원칙을 세우는 것이 좋다. **원칙 없이 즉흥적이고 중구난방 식으로 했던 금융상품 가입에 대한 리모델링이 필요하다.**

1만 2,811개. 2015년 12월 중순 현재 국내에서 설정된 펀드 개수다. 펀드 수만 놓고 보면 우리나라는 세계 1위다. 하지만 가짓수가 너무 많다 보니 어떤 펀드에 가입해야 할지 헷갈릴 수 밖에 없다. 어떤 은행에서는 중소형펀드가 좋다 하고, 또 어떤 증권사에서는 유럽펀드가 좋다 한다. 어떤 기준으로 추천해주는 건지 도무지 감이 안 잡힌다.

과연 어떤 펀드에 투자하는 것이 좋을까. 목돈 만들기와 굴리기의 첨병 역할을 하는 펀드, 다음 기준에 맞게 가입하면 최소한 중간 이상은 갈 것이다.

본인 투자성향에 맞는 펀드

'적합성의 원칙'이라는 것이 있다. 투자자의 특성(위험 감내도, 투자 목적, 재산 상태, 투자 경험)에 적합하게 투자를 권유할 의무가 있다는 원칙이다. 자신의 투자성향이 안정추구형이면 채권형펀드의 비중을 높여야 하고, 반대로 적극투자형 · 공격투자형이면 주식형펀드 위주로 펀드 포트폴리오를 짤 수 있다.

가급적 자신의 투자성향에 맞춰 포트폴리오를 짜되 성향과 맞지 않는 펀드도 수익률을 위해, 또는 위험을 분산하기 위해 일정 부분 가져갈 필요가 있다.

만약 현재의 펀드 포트폴리오가 수익률도 좋지 않은 데다 자신의 투자성향에 적합하지 않다면 환매하자. 그 뒤 투자성향에 맞으면서 향후 전망이 좋은 펀드를 고려해보자. 적합성의 원칙은 펀드 가입 전 금융사 직원이 실행한다. 단, 펀드는 원금이 반드시 보장되는 상품은 아니다. 원금 손실을 원치 않는 사람이라면 펀드는 아예 쳐다보지도 말자.

전망이 밝은 곳에 투자하는 펀드

주식이든 부동산이든 수익률 전망이 좋은 곳에 투자하는 것이 좋다. 특정 국가와 지역이 돈을 풀어 경기부양을 한다고 하면 그곳에 투자하고, 여러 정책적 수혜로 중소형주가 유망해 보인다고 하면 중소형주에 투자하는 식이다.

주식의 슈퍼 사이클이 끝날 것이라고 본다면 대안으로 부동산펀드나 채권형펀드에 투자해보자. 그리고 주식과 채권을 투자할 때처럼 너무 올라 있는 분야보다 가격이 떨어져 반등이 예상되는 분야에 투자하는 것이 효과적이다.

이를 위해서는 늘 경제 관련 뉴스를 통해 거시적 안목을 키워나가고 산업계 동향을 예의주시하는 것이 중요하다.

과거 오랜 기간 수익률이 검증된 펀드

국내 중소형주에 투자하는 펀드에는 두 가지가 있다고 가정하겠다. 하나는 최근 3년 수익률이 +30%에 이르는 펀드이고, 다른 하나는 동기간 수익률이 +10%인 펀드다. 둘 중 하나를 선택하라고 했을 때 후자를 고르는 이는 거의 없을 것이다. 같은 분야에 투자한다면 과거에 운용을 잘했던 펀드가 향후에도 잘할 것이라는 믿음 때문이다. 같은 중소형주를 투자 대상으로 했는데 이렇게 수익률 차이가 많이 난다면 전자의 펀드는 운용 능력이 뛰어난 것이다. 향후에도 이런 능력이 유지될 가능성은 과거 수익률이 낮았던 펀드보다 상대적으로 높다고 할 수 있다.

물론 과거의 수익률이 미래의 수익률을 보장하는 것은 아니다. 그러나 최근 1년 수익률이 많이 떨어지지 않으면서 과거 5년 이상 연평균 수익률이 6~10% 이상이라면 믿고 맡길 만하다. 펀드의 과거 수익률을 볼 때는 반드시 최근 1년 이내 수치뿐 아니라 3년에서 5년 이상의 수익률도 눈여겨보자. 메시나 호날두처럼 5년 이상 꾸준히 좋은 성적을 거둔 축구선수라면 앞으로도 계속 좋은 성적을 거둘 것이라고 기대하는 것과 비슷한 이치다. 단, 출시된 지 1~2년 밖에 되지 않았지만 수익률이 매우 좋았거나 시장에서 선풍적인 인기를 끈 펀드, 또는 투자 대상, 투자철학이 좋은 펀드들에는 관심을 가져볼 만하다.

시장 수익률 대비 수익률이 높은 펀드

어느 한 대형주펀드의 최근 3년 수익률이 +15%였다고 치자. 이 정도면 나쁘지 않은 성적이다. 그런데 최근 3년간 코스피200이 30% 올랐다고 하면 이 펀드에 대한 평가는 달라진다. 이처럼 대세상승장에서 거둔 수익률이 시장(코스피200) 수익률의 절반 수준이면 펀드매니저의 운용 능력을 의심해볼 수밖에 없다.

펀드를 선택하는 데 있어 시장 평균 수익률 또는 벤치마크(BM) 수익률 대비 수익률도 고려해야 한다. 벤치마크는 대형주나 가치주, 배당주 등은 코스피200을 BM으로, 중소형주펀드는 주로 코스닥을 BM으로 삼는다.

설정액이 '적당히' 큰 펀드

설정액의 크기와 과거 수익률은 대체적으로 비례한다. 그만큼 운용수익이 좋았기 때문에 개인이나 기관이 해당 펀드에 믿고 자금을 맡겼다는 얘기다. 설정액으로 보면 500억 원에서 1조 원 사이의 펀드들을 추천한다. 운용 후 1년이 넘었는데 설정액이 50억 원 이하인 펀드들은 '자투리 펀드'로 분류돼 정부의 권고에 의해 청산될 수 있다. 그런데 만일 수익률이 마이너스인 상태에서 청산된다면 원금 손실을 보게 된다.

그런 반면 1조 원이 넘는 펀드들은 '공룡펀드'의 비애에 빠질 수 있다. 한두 종목을 매매하는 자금만 해도 어마어마해서 발 빠른 대응을 할 수 없기 때문이다. 결국 수익률이 좋으면 펀드 규모가 커지지만, 펀드 규모가 크다고 해서 항상 수익률이 좋아지는 것은 아니라는 얘기가 된다.

펀드매니저의 교체가 적은 펀드

해당 펀드의 매니저가 오래 운용한다는 것은 그만큼 운용을 잘하기 때문에 운용사에서 믿고 오랫동안 맡긴 것이다. 펀드매니저가 자주 바뀔 경우 고유의 운용철학이나 원칙이 깨지기 마련이다. 매니저 교체가 잦은 펀드 치고 수익률 좋은 펀드는 많지 않다. 펀드 투자 설명서에 펀드매니저에 대한 이력이 잘 나와 있으니 투자 전 유심히 볼 필요가 있다.

수수료가 낮은 펀드

당연히 수수료가 낮을수록 좋다. 수수료가 낮을수록 고객이 가져가는 수익은 더 높아지기 때문이다. 수수료는 크게 선취수수료, 연간 총 보수, 환매수수료로 나뉜다. 선취수수료는 A클래스 상품에 가입할 때 떼는 것이고, 연간 총 보수는 매년 운용과 판매 등을 위한 수수료다. 환매수수료는 짧게는 30일, 길게는 90일 이내에 환매할 경우 매매차익의 30~70%를 뗀다. 선취수수료와 연간 총 보수 측면에서는 주식형펀드 수수료의 절반 수준인 채권형 펀드가 더 유리하다. 또한 국내주식형펀드가 해외주식형펀드 대비 선취수수료 · 연간 총 보수가 약 0.1~0.3% 낮은 편이다.

수수료를 낮추기 위해 펀드슈퍼마켓(fundsupermarket.co.kr)에서 펀드를 담는 것도 좋은 방법이다. 펀드슈퍼마켓에서 가입할 경우 금융사에 내방해서 가입하거나 금융사 홈페이지에서 가입할 때보다 수수료가 1/3~1/2 저렴하다.

다만 펀드슈퍼마켓에서 가입할 경우 사후관리 측면에서 약할 수 있다. 관리 쪽도 중요시하고 싶다면 성실한 관리자를 통한 오프라인 가입을 추천한다.

베타(β)지수가 1보다 낮은 펀드

시장 변동에 따른 민감도를 나타내는 베타지수가 1보다 낮은 펀드를 고르는 것이 효과적이다. 만약 코스피200이 10% 상승했을 때 해당 펀드가 10% 오르고, 코스피200이 10% 하락했을 때 펀드가 10% 떨어진다면 베타지수는 1이다. 펀드의 베타지수가 1보다 높다면 코스피200이 상승할 때 이보다 더 높은 수익률을 보인다. 반면 코스피200이 하락할 때는 이보다 더 큰 손실을 볼 수 있다. 그렇기 때문에 이는 변동성이 큰 펀드라고 할 수 있다. 따라서 베타지수가 낮은 펀드를 권한다.

자산운용사의 간판 펀드

각 운용사에는 간판으로 내세우는 펀드들이 있다. 과거 수익률이 훌륭했거나 향후 밀고 싶은 펀드들이다. 운용사는 이 펀드에는 운용 능력이 뛰어난 펀드매니저를 배치하고, 수익률이 많이 떨어지면 운용사에 대한 신뢰도도 같이 떨어질 수 있으니 수익률이 잘 유지될 수 있도록 많은 역량을 집중한다.

이렇듯 펀드를 고르는 기준은 많다. 모두 고려해도 되고, 자신이 중요시하는 기준을 몇 가지만 추려서 상품 선택 시 적용해도 된다. 그동안 금융사 직원들의 추천이나 인터넷에 떠도는 불확실한 정보에 의해서만 펀드에 가입했는가? 앞으로는 이런 기준들을 고려해서 돌다리도 두드려보고 건너는 심정으로 접근해보자. 또한 현재 투자하고 있는 펀드들이 이런 기준들에 어느 정도 부합되는지 살펴보고, 많은 부분 부합하지 못한 데다 수익률까지 좋지 않다면 리모델링을 고려해보자.

은행이나 증권사에 가서 펀드 추천을 의뢰하면 주로 자사 계열 운용사의 펀드를 많이 추천해준다. 펀드 추천의 객관성이 심히 떨어지는 대목이다. 따라서 펀드에 가입하기 전 펀드닥터(www.funddoctor.co.kr)와 같은 분석 사이트에서 펀드를 비교해보거나, 인터넷 검색 등을 통해 충분히 알아본 후 펀드 포트폴리오를 구성하는 현명함이 필요하다.

Key Point

- 자신만의 가입 원칙을 세우는 것이 중요하다.
- 가장 중요한 것은 자신의 투자성향에 맞는 펀드에 가입하는 것이다.
- 전망이 밝은 곳에 투자하는 펀드, 과거 1·3·5년간 수익률이 좋았던 검증된 펀드, 독특한 투자 철학으로 최근 급부상하는 펀드를 추천한다.

국내보다 해외투자가 끌리는 이유

해외투자 하면 무조건 위험하다고 생각하는 사람들이 많다. 2008년 글로벌 금융위기 때 중국펀드 수익률이 폭락하고, 동시에 브릭스펀드 수익률도 고꾸라지자 해외 쪽은 아예 쳐다보지 않는 사람들이 많다. **해외투자는 위험하다며 국내에만 몰아서 투자하는 것 자체가 위험할 수 있다. 이런 고정관념에 대한 리모델링이 필요하다.**

초저금리와 박스권 장세. 수년 전부터 지긋지긋하게 들어온 말들이다. 재테크하기에 정말 척박한 환경이다. 좋은 대안은 없을까. 돌파구는 있다. 바로 시선을 해외로 돌리는 것이다.

최근 해외 '직구'(직접구매)가 유행처럼 번지고 있다. 다양한 상품을 국내에서 구입하는 것보다 훨씬 싸게 살 수 있다는 점이 해외 직구의 가장 큰 매력이다. 그리고 이런 해외 직구의 유행이 금융투자 쪽에서도 자리 잡고 있다. 한국예탁결제원에 따르면 외화증권 주식의 직접투자 결제 금액은 2011년 30억 6,562만 달러에서 2013년에는 56억 2,676만 달러까지 늘어났다고 한다. 2년 사이에 약 83.5%나 급증한 것. 2015년 상반기에는 중국 증시의 폭등으로 해외투자 붐이 일기도 했다. 국내 증시의 오랜 박스권 장세에 지친 투자자들이 투자 자금을 해외로 많이 돌린 결과다.

우리가 하루에도 수십 번 보는 스마트폰을 생산하는 애플과 글로벌 인터넷기업 구글, 커피 애호가들의 사랑을 받고 있는 스타벅스, 그리고 우리나라 거리에서 가장 많이 다니는 수입차인 BMW의 주주가 된다는 것, 생각만 해도 흥미로운 일 아닐까. 해외투자가 가져다주는 장점은 무엇일까.

해외투자의 가장 큰 장점은 여러 나라의 글로벌기업과 부동산 등에 투자할 수 있다는 점. 우리나라 주식들의 시가총액은 전 세계 시가총액의 2%밖에 되지 않는다. 98%라는 넓은 시장에 투자 기회가 생긴 셈이다. 증권사에서 계좌만 터놓으면 마우스 클릭만으로도 북미, 유럽뿐 아니라 중남미, 오세아니아, 아프리카까지 모든 대륙의 국가의 기업에 투자할 수 있다. 해외상품은 분산투자를 극대화하는 차원에서 아주 유용한 투자 대상이다.

기대수익률이 국내상품보다 높아 공격투자형의 투자자에게는 솔깃한 투자 대상이기도 하다. 우리나라는 지난해부터 주식의 1일 상한, 하한 폭이 각각 30%로 확대됐지만 홍콩H 지수처럼 외국에는 주식의 상하한 폭이 없는 국가도 여럿 있다. 투자 대상도 해외 직구인 주식뿐 아니라 펀드, ETF, ELS, DLS, 외화예금, 부동산 등 다양하다.

해외투자에는 안정추구형의 투자자에게 어울릴 만한 상품도 많다. 대표적인 것이 달러와 선진국채권형펀드 등이다. 즉, 공격적 투자성향의 소유자뿐만 아니라 보수적인 투자자에게도 포트폴리오를 다양하게 분산할 수 있는 길이 넓게 열린 셈이다.

올해 초 출시된 해외주식투자전용펀드는 매매차익과 환차익에 대해 15.4%의 배당소득세를 물렸던 지금까지의 해외펀드와는 달리 비과세 혜택이 주어진다. 또한 해외주식 투자로 인한 소득은 양도소득세로 잡힌다. 금융소득종합과세를 걱정하는 사람은 절세 효과까지 얻을 수 있다. 투자한 주식이 속한 나라의 화폐 가치가 오르면 발생하는 환차익은 덤이다.

해외에 투자할 수 있는 방법은 다음과 같다.

주식

투자 대상 국가는 무척 다양하다. 증권사마다 다르긴 하지만 미국, 일본, 독일, 영국, 프랑스, 캐나다, 호주 등의 선진시장뿐만 아니라 중국, 홍콩, 인도네시아, 베트남, 남아공 등 이머징 국가들에도 투자가 가능하다. 구글, 스타벅스, 엑슨모빌(미국), BMW(독일), 미쉐린(프랑스), 텐센트(중국) 등 각 국가의 개별 주식에도 투자할 수 있다. 우리나라 투자자들이 가장 많이 투자하는 주식은 중국·홍콩, 일본, 미국 순이다.

펀드

해외투자에서 가장 많은 부분을 차지하고 가장 쉽게 투자할 수 있는 대상이다. 크게 해외주식형펀드와 해외채권형펀드로 나뉘며 중국펀드, 브릭스펀드, 미국펀드, 유럽펀드, 하이일드펀드 등 상품 분류도 다양하다. 2016년부터는 비과세 혜택이 있는 해외주식투자전용펀드가 출시돼 해외펀드가 인기를 모을 것으로 기대된다.

ETF

해외주식과 함께 최근 인기를 모으고 있는 투자 대상이다. 해외의 개별 주식에 대한 투자에 위험성을 느낀다면 여러 종목으로 묶인 ETF를 권한다. 미국 산업재들로 묶인 상품에 투자하고 싶다면 미국 산업재 ETF에, 전 세계 하이일드채권에 투자하고 싶다면 하이일드 채권 ETF에 투자하면 된다. 보다 공격적으로 여러 국가에 투자하고 싶은 사람에게는 나스닥의 ETF도 추천한다. 국내에서 해외에 투자할 수 있는 ETF는 10여 개 정도인 반면 미국 나스닥에 상장된 ETF는 1,300여 개에 이른다.

리츠(REITs)

해외 부동산에 투자하며 주로 부동산펀드 형태로 나온다. 여러 부동산에 투자할 수 있는 상품을 주식 형태로 상장해서 판매하는 상품도 있다. 또한 미국이나 동남아시아의 땅, 빌딩에 직접 투자할 수도 있다.

이젠 투자도 '우물 안 개구리'에서 벗어나 시선을 넓힐 필요가 있다. 국내에만 투자하려는 좁은 마인드를 탈피할 시점이다. 포트폴리오가 국내 상품으로만 구성돼 있다면 위험 분산 차원에서 해외 상품으로 분산투자하기를 적극 권장한다.

단, 해외투자는 국내투자 대비 정보의 속도나 양적인 측면에서 미흡하고, 가격 변동 폭도 클 뿐만 아니라 매매의 순발력이 떨어질 수 있다. 반드시 투자자금의 30~40% 이하 선에서 투자할 것을 권한다.

Key Point

- 해외투자는 분산 효과를 높일 수 있는 또 하나의 방법이다.
- 마우스 클릭만으로 모든 대륙의 기업에 투자가 가능하다.
- 추천 상품으로는 간접투자 상품인 해외펀드와 ETF가 있다.

금이 더 이상 안전자산이 아닌 이유

우리들에게는 일종의 맹목적 믿음이 있다. '부동산에 투자해야 큰돈을 번다' '장기투자하면 무조건 유리하다'는 식의 믿음이다. 그 중 대표적인 것이 '금이야말로 안전자산'이라는 믿음이다. 안전하게 맡기거나 굴리고 싶으면 금에 투자하라고 많이들 권한다. 최근 이런 믿음에 균열이 가기 시작했다. **금이 안전자산이라는 맹목적 믿음에 대한 리모델링이 필요하다.**

금에 자주 붙는 수식어는 '대표적인 안전자산'이다. 신문에서도, 증권사 보고서에서도 금을 안전자산의 대명사로 치켜세우는 내용을 여러 해 봐왔다. 금, 정말 안전할까? 기본적으로 '안전자산'이라고 하면 수익률의 변동 폭이 작아야 한다. 단기간에 높은 수익률을 보이면 좋겠지만 그런 만큼 하방 위험도 크다. 산이 높은 만큼 골도 깊게 마련인 것이다. 이런 굴곡이 싫어 마음 편히 예치하고 싶은 곳이 안전자산인데 최근 5년간 금의 움직임은 그렇지 못했다.

2011년 1월초 1,368달러였던 국제 금 시세는 그해 9월 9일 1,899달러까지 치솟았다. 8개월간 수익률은 약 38.7%. 금 투자자는 환호성을 불렀고, 국제 투자자금은 미국 서부 개척시대 때처럼 골드러시를 연출했다. 그러나 고공행진하던 금값은 이후 조정을 받았고 연말에 1,566달러까지 떨어졌다. 9월초에 금에 투자했다면 '5개월 -18%'라는 성적표를 받았을 것이다. 이후 2012년 급등락을 반복하던 금은 2013년 미국의 **출구전략** 이야기가 나오면서 1,213달러까지 떨어졌다. 2년 전 고점 대비 36%나 떨어진 것이다. 이후 저공비행을 이어온 금값은 2015년 12월에는 1,050달러까지 내려갔다. 2011년 고점에서 투자했다면 최대 45%의 손실을 본 것이다.

> **출구전략**
> 경기 침체 시에 시행된 경기부양책들을 경제에 대한 부작용을 최소화하면서 조금씩 거두어들이는 전략

세상에 어느 안전자산이 단기간에 이런 급등락을 보여왔을까. 글로벌 안전자산으로 꼽히는 미국 채권, 달러, 스위스 프랑 등에 비해 변동 폭이 크다. 2011년 이후 금에 많은 돈을 투자했다면 어디 두 다리 뻗고 마음 편히 잠을 청할 수 있었을까. 지금까지 금이 안전자산이라고 생각해온 인식에 대한 리모델링도 필요하다. 금에 대한 맹목적인 믿음은 버리자. 신문이나 금융사에서 말하는 '금=안전자산'이라는 공식, 당분간은 잊자. 금융사가 '지금이 저점이다'라고 말하는 것들은 마케팅용이 많으니 소신을 갖고 투자하는 것이 좋다.

그렇다면 금은 왜 이렇게 많이 떨어졌을까. 금은 어떤 요인들에 의해 가격이 변동되는지, 그리고 언제쯤 투자하면 좋을지 알아보자.

어떤 투자 자산이든 수요와 공급이 가격 결정에 미치는 영향이 가

장 크다. 금에 대한 수요로는 각 국가별 금 보유 수요, 산업용 금 수요, 개인별 수요 등이 되겠다. 2011년 금 가격이 폭등했을 때는 중국이나 인도 등 거대 신흥국들이 경쟁적으로 금 보유고를 늘렸었다. 그러나 2012년부터 금 보유고 경쟁이 시들해졌고, 금에 대한 수요 하락과 금값은 궤를 함께했다. 2012년 남유럽 국가들의 재정 위기와 중국 경제 경착륙에 대한 우려가 생기면서 산업에서 금 수요가 떨어지자 금값도 하향세를 보였다. 중국 경제 성장률이 꺾이기 시작하자 금을 가장 사랑하는 국민 중 하나인 중국인들의 금 매입 속도도 꺾이기 시작했다. 이렇듯 최근 3년 동안 금에 대한 전반적인 수요 하락이 금값 하락으로 이어졌다.

금값은 역사적으로 볼 때 달러 값과 역의 상관관계를 보여왔다. 달러가 오르면 원자재 가격이 떨어지곤 하는데, 원자재 중 대표 자산인 금도 약세를 면치 못했다. 최근 3년 동안은 미국의 금리 인상 가능성이 높아지면서 금값은 꾸준히 약세를 보여왔다. 금리를 인상하면 보통 자국의 통화가 강세를 보인다. 달러가 오르자 달러와 역사적으로 역의 상관관계를 보여온 금값이 상승 동력을 잃어버린 것이다. 달러도 대표적인 안전자산 중 하나인데 달러가 오르면 같은 안전자산인 금의 인기는 상대적으로 떨어진다.

반면 물가는 역사적으로 금값과 비슷하게 움직였다. 물가가 오르면 투자자들은 물가 상승에 대한 위험을 상쇄하기 위한 수단으로 금을 사들여왔다. 1980년 이후 미국의 소비자물가지수가 1% 상승하면 금값은 1.4% 올랐다. 그러나 미국의 경우 2009년부터 양적완화

최근 5년간 금-달러의 상관관계

(출처: 네이버 금융)

로 돈을 풀었음에도 소비자물가 상승률이 월 평균 1.5% 이하를 유지해왔고, 최근 2~3년간 일본과 유럽이 돈을 엄청나게 풀어 경기를 부양했음에도 물가는 낮은 편이다. 금값이 최근 3년간 약세를 보여온 이유 중 하나다.

지정학적인 리스크는 금값을 단기적으로 끌어올린다. 중동에서의 국지전이나 2014년 우크라이나 사태와 같은 사건들은 안전자산에 대한 수요를 부추기면서 금값의 단기적인 상승을 견인했다. 더불어 2015년 중반 그리스 재정 위기와 2016년 초반 중국의 경기 둔화 우려로 인해 글로벌 경제가 잠시나마 휘청거렸는데, 이런 위기도 금값을 잠깐 끌어올린다. 그러나 금값을 오랫동안 끌어올릴 만큼 지속된 글로벌 대형 사건들은 최근 5년간 거의 없었다.

그리고 일부 증권사에서는 금값이 폭락한 2013년부터 금을 사라고 선전했다. 하지만 그 이후에도 금은 투자자들의 속만 태웠다.

그렇다면 언제 금에 투자하는 것이 좋을까. 정확한 시점을 말하기는 어렵다. 다음 요인들을 고려해 분할매수 방식으로 금을 조금씩 사들여보자. 경기가 호전되고 이에 따라 물가도 상승하면 금에 조금씩 투자해보자. 또한 전쟁이나 국가 간의 커다란 분쟁이 일어나면 금에 단기투자해보자. 미국이 금리를 인상하고 나면 달러 차익 실현 매물이 나오고 단기적으로는 금에 대한 반발 매수가 발생될 수는 있다. 또한 미국 금리 인상이 어느 정도 마무리돼가는 시점이면 금을 매수하는 것도 방법이다.

만약 금의 안전자산 여부에 대한 판단과는 상관없이 금값이 상승할 것으로 생각돼 금에 투자하고자 한다면 어떻게 투자해야 할까. 금에 투자할 수 있는 방법은 꽤 다양하다.

ETF, ETN

가장 저렴한 가격으로 손쉽게 투자할 수 있는 방법이다. 증권사의 증권 계좌만 있으면 투자 가능하다. 현재 국내에 출시된 금 관련 ETF와 ETN은 다섯 가지 정도다. ETF 한 주 가격이 대략 1만 원 안팎이기에 1만 원의 소액으로도 매수가 가능하다. 국내에서 상장된 국제 금 관련 ETF는 매매차익에 대해 배당소득세(15.4%)가 부과되며, 해외에서 출시된 금 ETF는 양도소득세가 부과된다는 점은 유념하자.

금 거래소

ETF는 국제 금의 선물 가격을 반영하는 상품이다. 2014년 3월 현물 가격을 취급하는 거래소도 등장했으며, 국내 아홉 개 증권사에서 거래가 가능하다. 거래단위가 1g으로 무척 작고, 매매차익에 대해 비과세가 된다는 점이 ETF와는 차별화된 점이다.

골드뱅킹

금융을 통해 가장 많이 금에 투자하는 방법이 바로 골드뱅킹이다. 계좌에 돈을 입금하면 은행이 입금액에 해당하는 금을 국제시세에 맞춰 금 무게로 환산, 적립해주는 상품이다. 신규 가입 시 최소 1g 가격으로도 가입이 가능하다. 대형은행에서 취급하기에 접근성이나 가입 용이성은 좋다. 반면 취급수수료가 발생되고, 차익에 대해 ETF처럼 배당소득세가 적용된다. 금융소득종합과세를 고민하는 투자자는 큰 금액을 투자하지 않는 것이 좋다. 은행에서 판매하는 상품이지만 예금자보호는 안 된다.

금 펀드

4년 전 금값이 치솟자 자금이 몰렸던 상품이 금 펀드다. 하지만 이후 성과는 금 ETF나 골드뱅킹보다도 떨어진다. 다른 상품들은 주로 금의 변동에만 수익률이 연동된다. 하지만 국내에서 판매되는 주요 금 펀드는 금뿐 아니라 다이아몬드 같은 귀금속을 생산하는 기업들에도 투자한다. 때문에 금값이 올라도 다른 귀금속 값이 떨어지면 수익률은 좋지 못하다. 수수료나 매매 순발력, 그리고 금 외에 다른 귀금속에도 투자된다는 점에서 최근 금 펀드의 인기는 급격히 떨어졌다.

골드바

한국조폐공사, 은행, 증권사 등을 통해 금괴를 직접 살 수 있다. 골드바의 차익에 대해서는 비과세되지만 금 현물 매입 시 부가가치세 10%와 실물제작비용 등의 부가수수료 약 5%가 붙는다.

DLS(Derivative Linked Securities, 파생결합증권)

ELS가 주로 주가지수에 연계되는 상품인 반면 DLS는 원자재, 화폐 등에 연계되는 파생상품이다. 최근 몇 년 사이 금에 연동되는 DLS가 출시됐지만 실상은 은(銀), 원유도 같이 들어가는 상품이 많아 투자 전에 유심히 살펴볼 필요가 있다.

매매의 용이성이나 세금 측면에서는 증권사를 통한 금 거래소 매매를 가장 추천한다. 다음으로는 금 관련 ETF·ETN, 골드뱅킹 등을 추천한다. 단, 위의 상품들은 어디까지나 금에 투자할 시기가 됐다고 판단될 때 매수하길 권한다.

Key Point

- 금이 안전자산이라는 인식은 이제 버리자.
- 금값은 수요와 공급 외에도 달러, 물가, 지정학적 리스크에 의해 변동된다.
- 금 투자는 금 거래소, ETF, 골드뱅킹 등의 상품을 추천한다.

유지를 심각히 고민해야 할 보험들

변경에 대한 수요가 가장 많은 것은 바로 보험이다. 그리고 보험 변경을 원하는 경우는 주로 지인이나 텔레마케팅을 통해 가입한 경우다. 그러나 **자신에게 맞지 않은 옷은 교환해야 하듯이 자신에게 맞지 않은 보험은 변경하는 것이 좋다.** 지금부터 변경을 고려할 만한 세 가지 부류의 보험을 소개한다.

미혼 여성이 가입한 종신보험

보험에 대해 컨설팅을 하다 보면 미혼 여성인데 종신보험을 가입한 케이스가 꽤 많다. 미혼 여성에게 종신보험이 과연 얼마나 필요할까. 특약의 구성에 따라 다르지만 종신보험은 보통 주계약인 사망보험금이 전체 보험료의 40~80% 내외를 차지한다. 종신보험에 가입한 여성들의 공통점은 사망보험금이라는 보장자산에 대한 필요성보다는 '종신보험 하나는 있어야 하지 않나?'라는 막연한 생각을 갖거나 지인이 제안해줘서 가입한 사람이 많다는 것이다.

이런 고객들에게 물었다. "사망보험금, 필요하세요?" 대부분 약간 뜸을 들면서 답한다. "나 죽고 나서 유가족이 받는 거죠? 그렇다면 아니죠." 미혼 여성 10명 중 9명은 이렇게 답한다. 그러나 "종신보험은 사망보험금이 차지하는 비중이 꽤 높은데 왜 종신보험에 가입하셨나요?"라고 다시 물으면 대부분 답이 없다.

대부분의 사람들은 살아 있을 때 폭넓게 보장을 받고 싶어 한다. 미혼 여성들은 더욱 그렇다. 기혼 여성이나 미혼 남성 중에서도 필요성을 느끼는 사람이 그리 많지는 않다. 그럼에도 종신보험에 가입했다면 설계사가 고객의 니즈(needs)를 충분히 파악하지 않았거나 설명했어도 고객이 잘 새겨듣지 않는 경우다. 미혼이면서 가정 경제를 책임져야 하는 가장이 아니라면 종신보험보다는 오랫동안 보장받을 수 있는 질병·상해보험을 폭넓게 준비할 것을 권한다.

종신보험의 연금 전환 기능을 활용해 노후자금으로 활용할 수도 있다. 하지만 환급률 100%까지 도달하는 데 보통 15~20년이 걸린다. 종신보험의 사업비가 꽤 높기 때문이다. 사실상 연금 재원으로 쓰기에는 부족하다. 15만 원짜리 종신보험에 가입할 것이라면 나는 차라리 변액연금보험 10만 원, 실손의료보험(또는 3대 질병 보험) 5만 원으로 쪼개서 가입하는 것이 더 좋다고 본다.

또한 종신보험에서 말하는 암을 제외한 2대 질병은 주로 뇌출혈·급성심근경색증 진단비인데, 앞서 설명했듯 뇌와 심장 관련 보장은 손해보험사 상품보다 범위가 좁다. 따라서 전반적으로 손해보험사 상품이 보험료나 보장 측면에서는 더 좋다. 사망보험금에 대한 필요성을 느끼지 못하면 과감히 정리하자. 그리고 실손의료보험이나 3대 질병(암·뇌질환·심장질환)을 보장해주는 보험으로 갈아타자.

사망보험금에 대한 필요성으로 종신보험 신규 가입을 고민한다면 정기보험을 고려해보자. 정기보험은 보장기간이 60세나 70세까지로 한정되어 있고, 보장 만기가 지나면 주로 환급금이 소멸된다는 단점은 있다. 그러나 보험료가 종신보험의 절반에도 못 미치기 때문에 보험료 절감 측면에서 유리하다. 사실 사망보험금이라는 보장자산은 한창 일해서 돈을 모아야 하는 젊은 시기에 큰일을 당하게 될 때 유가족이 받을 타격에 대비하는 성격이 강하다. 그러므로 60~70세 이후 보장받는 것은 큰 의미는 없다고 본다.

나는 종신보험을 정기보험과 비교하며 주로 기혼 남성에게 제안한다. 평생사망보험금을 보유하고 싶으면 종신보험에, 싼 보험료에 초점을 맞추고 싶으면 정기보험에 가입하라고 한다. 반면 상속세 재원을 마련하고자 하는 사람에게는 사망보험금만 들어간 종신보험이 제격이다.

뇌·심장 관련 보장을 받고 싶은 사람이 가입한 CI보험

CI보험은 중대한 질병(CI, Critical Illness)에 걸릴 경우 주계약인 사망보험금의 50~80%를 선지급받아 고액의 치료비와 생활비로 쓸 수 있도록 만든 보험이다. 종신보험의 주계약인 사망보험금이 사망 후에나 받을 수 있다는 단점을 보완하기 위한 것이다. CI보험의 보장내역에는 '중대한 암' '중대한 뇌출혈' '중대한 급성심근경색증' 등이 있다. 그런데 여기서 '중대한'이라는 표현이 문제다. 다음은 어느 CI보험의 중대한 급성심근경색증에 대한 약관 내용의 일부다.

중대한 급성심근경색증(Critical Acute Myocardial Infarction)

1) '중대한 급성심근경색증'이라 함은 관상동맥의 폐색으로 말미암아 심근으로의 혈액공급이 급격히 감소되어 해당 심근조직의 비가역적인 괴사를 가져오는 질병으로서 발병 당시 다음의 세 가지 특징을 모두 보여야 합니다.

가. 의사가 작성한 진료기록부상 전형적인 흉통의 존재

나. 전형적인 급성심근경색 심전도 변화(ST 분절, T파, Q파)가 새롭게 출현

다. CK-MB를 포함한 심근효소의 발병 당시 새롭게 상승. 여기서 상승이라 함은 CK-MB 정상범위 최고치의 두 배 이상 상승한 경우를 말함(단, Troponin은 CK-MB와 함께 심근효소의 상승을 보여주는 자료로 제시될 수는 있으나 CK-MB 없이 Troponin 단독으로는 인정하지 않음)

일단 전문용어가 많아서 내용부터 이해하기 힘들다. 그리고 이 특약으로 보장받을 수 있는 부분에 대한 설명은 더 길다. 여기서는 일부만 발췌한 것이다. CI보험의 중대한 뇌출혈이나 중대한 급성심근경색증 특약의 경우 '중대한'이라는 조항이 있다. 위 약관처럼 병이 꽤 진행된 뇌출혈이나 급성심근경색증의 경우에만 보험금을 받을

수 있다. 오래된 설계사들은 거의 다들 아는 내용이다. 뇌출혈과 급성심근경색증에 걸려도 보험금을 받기 쉽지 않다는 이야기다. 이런 이유로 CI보험은 민원이 많이 발생되는 보험 중 하나다.

반면 중대한 암 특약에 대해 말하자면, 예전에는 0~1기의 암에 대해 보장을 못 받는 경우도 있었지만 최근에는 이런 초기의 암에 대해서도 보험금을 받을 수 있는 CI보험이 많다고 한다. 단, 경계성종양·상피내암과 같은 소액암은 CI의 중대한 암 특약에서 보장해주지 않는다. CI보험이 인기를 잃어서인지 최근에는 보장기회를 더 주는 상품이 나오긴 했다. 기존 CI보험은 중대한 질병과 중대한 수술 중 하나에 걸리면 주계약금액의 50% 이상의 보험금을 1회에 한해 선지급받았지만, 최근에는 중대한 질병과 중대한 수술, 중대한 치매까지 최대 3회까지 보험금을 받을 수 있는 상품도 나왔다.

실손 담보가 아닌 갱신형 담보나 특약

보장성보험은 갱신 여부에 따라 갱신형과 비갱신형으로 나뉜다. 갱신형의 갱신주기는 실손 담보의 경우 1~3년, 나머지 담보는 3년이 많다. 갱신형의 경우 갱신주기마다 보험료가 변동되는데 갱신 때는 주로 보험료가 오르는 편이다. 반면 비갱신형은 평생 보험료가 오르지 않는다. 현재 판매되는 모든 보험사의 실손 담보는 갱신형이며, 다른 담보나 특약들은 갱신형과 비갱신형을 선택할 수 있다(주계약 이외의 보장들에 대해서는 손해보험사에서는 '담보'라 부르고, 생명보험사에서는 '특약'이라고 칭한다).

갱신형은 비갱신형 대비 보험료가 꽤 싸다. 하지만 이게 함정이다. 암·뇌혈관질환·심장질환 등의 3대 질병이나 입원일당, 질병수술비와 같은 손해율이 높은 담보들은 3~5년 주기의 갱신 때마다 보험료가 적잖이 오른다. 손해율이 오른 보험사는 갱신 때 보험료를 올려 손해율을 보전한다. 어떤 상품은 특약의 절반 이상이 갱신형으로 설계돼 있었는데 5년 후 보험료가 30%나 오르기도 했다. 실제 갱신형으로 많이 설계된 보험의 보험료가 갱신 후 꽤 올랐다는 기사를 심심찮게 접할 수 있다.

갱신형이 불리한 점이 또 있다. 납입기간이 꽤 길다는 것이다. 최근 비갱신형 설계의 경우 보통 '20년납 100세 만기'의 형태가 많다. 20년만 매월 같은 보험료를 납입하면 100세까지 보장을 받을 수 있다는 이야기다. 반면 갱신형에는 '전기납'이 많다. 이는 보장기간과 납입기간이 같다는 의미다. 만약 30세인 사람이 70세 전기납으로 가입했다면 70세 전에 해당 담보로 보험금을 받지 못할 경우 40년 동안 보험료를 계속 내야 한다. 그것도 3~5년마다 오르는 보험료를 말이다.

보장성보험은 길게 봐서 모두 비갱신형으로 가입하는 것이 더 유리하다. 가령 비갱신형 20년납으로 월납 7만 원짜리 보험에 가입했다고 하자. 현재의 7만 원은 화폐 가치가 떨어진 10년이나 15년 뒤에는 상대적으로 더 싸게 느껴질 수 있다.

보험은 금융상품 중에 가장 오래 보유하는 상품이다. 당장 보험료가 싸다고 현혹되지 말자. 어느 순간에는 갱신형 보험에서 비갱신형

보험보다 더 많은 보험료가 빠져나가고 있을 것이다. 아주 오랫동안.

갱신형 보험에 가입했으면 정리하고 몇 만 원 더 내면서 비갱신형으로 갈아탈 것을 권한다. 단, 가입한 갱신형 보험을 깨지 않았으면 하는 경우도 있다. 보험 가입 후 계속 아팠거나 보험금을 여러 번 받은 경우다. 괜히 깨고 새로 가입하려 했다가 보험 가입이 안 될 수도 있기 때문이다. 또한 당장 경제적인 여력이 많지 않는 경우도 유지하는 것이 좋을 수 있겠다. 특히 50대 이상의 고연령자인데 보험이 없거나 추가보장이 필요한 경우라면 보험료가 저렴한 갱신형 상품을 선택하는 것이 유리할 수 있다. 보험 가입 후 보험금을 짧은 기간 내에 탈 가능성이 젊은 사람보다는 상대적으로 높기 때문이다.

Key Point

- 사망보험금이 필요치 않다면 종신보험은 정리하라.
- 뇌, 심장 관련 폭넓은 보장을 원하는 사람에게 CI보험은 불필요하다.
- 보험은 장기 상품으로, 갱신형 보험은 비갱신형으로 갈아타자.

저축성 보험, 이것만 실행하면 알찬 상품

저축성 보험에 대한 해묵은 불만은 사업비가 높고, 수익률도 그다지 좋지 못하고, 돈이 오래 묶인다는 것이다. 정확히 말하면 절반 정도만 맞는 얘기다. 보험에 있는 기능을 잘 활용하면 수익률과 환급률을 끌어올릴 수 있고, 중도에 자유롭게 유동자금을 빼낼 수 있다. 상품을 탓하기 전에 상품 내 기능을 익혀보면 어떨까. **그동안 보험 상품에 가져왔던 무관심에 대한 리모델링이 필요하다.**

한국인이라면 최소 하나씩은 가입돼 있는 저축성 보험. 그러나 금액도 적지 않고 납입기간도 긴 이 상품을 제대로 알고 관리하는 사람은 별로 없다. 힘들게 일해서 먹고 싶은 것, 사고 싶은 것 아껴가면서 모은 돈을 그대로 방치할 수만은 없지 않은가? 다음 사항들만 잘 알고 활용하면 이미 가입한 저축성 보험도 꽤 요긴한 상품이 될 것이다.

추가 납입

저축성 보험은 매월 불입액에 대해 5~15%의 적지 않은 사업비를 떼기 때문에 해지환급금이 100%까지 도달하는 데 보통은 5~7년이 걸린다. 하지만 추가 납입을 하면 사업비를 많이 절감해 환급률을 높일 수 있다. 저축성 보험 월 납입분 사업비의 대부분을 차지하는 것이 계약체결비용과 계약관리비용이다. 이 부분이 추가 납입 시 면제되는 상품들이 적지 않다. 추가 납입분에 대해 사업비가 나간다 하더라도 2% 이하 수준이거나 아예 떼지 않는 보험들도 더러 있다.

계약체결비용과 계약유지비용이 4%, 6%로 합산 10%라는 전제하에 월납 10만 원짜리 저축성 보험에 가입했다고 하자. 이 상품의 추가 납입 수수료는 없다고 할 때, 계약자가 매월 10만 원씩 추가 납입하면 이에 대한 수수료는 면제되어 실질적인 수수료는 {(10% + 0%) ÷2}=5%가 된다. 만약 추가 납입액을 매월 20만 원으로 올리면 월 납입분에 대한 사업비를 더 절감할 수 있다.

사업비 절감은 환급률 상승으로 이어진다. 따라서 저축성 보험에 월 50만 원을 불입할 계획이었다면 월 20~30만 원으로 계약한 후 나머지 금액을 정기 추가 납입하는 것이 더 유리하다. 월납 계약의 경우 보통 월 납입분의 두 배까지 추가 납입이 가능하다. 단, 추후 급여 상승이 예상된다고 하면 최초 계약시 월납액을 너무 낮게 잡지 않는 것이 좋을 수 있다. 월납액이 적을 경우 추가 납입에 대한 여력이 적기 때문이다.

추가 납입에는 정기 추가 납입 외에 수시 추가 납입도 있다. 돈이 있을 때마다 수시로 곳간에 채워 넣는 식이다. 이미 납입한 보험료의 두 배까지 가능하다. 예를 들어 현재 환급금이 1,000만 원이라고 하면 2,000만 원까지 10년 이내에 나눠서 추가 납입이 가능하고, 이 경우 추가 납입금액에 대해서는 사업비를 떼지 않으니 훨씬 효과적이다.

그러므로 여유자금이 있다면 가입한 저축성 보험에 바로 추가 납입을 해보자.

펀드 변경

변액보험은 월 납입액이 공시이율에 따라가는 기존 공시이율형 보험과는 달리 사업비를 제외한 금액이 채권형펀드와 주식형펀드에 투자되는 투자형 보험이다. 특히 최근 같은 저금리시대에 공시이율이 계속 떨어지고 있어 수익률 측면에서는 변액보험이 더 유리할 수 있다. 단, 펀드 변경을 적절히 잘한다는 전제하에서다.

계약자는 주로 연 최대 12회 펀드 변경을 할 수 있다. 특히 변액유니버셜보험의 경우 주식이 오를 것으로 예상되면 주식형펀드의 비중을 100%로, 주식이 떨어질 것 같으면 채권형펀드의 비중을 100%로 해서 적립금을 불리거나 안전하게 보호할 수 있다. 국내주식이 많이 올랐다 싶으면 변액보험 내에 존재하는 해외주식형펀드나 원자재펀드로 적립금을 이전함으로써 새로운 투자 기회를 얻을 수 있다. 기존 설계사가 이러한 관리를 해주고 있으면 다행이다. 하지만 이 같은 관리가 전혀 없다면 향후에 펀드 변경에 대한 의견을 달라고 설계사에게 요청하면 된다.

그러나 실제로는 이렇게 펀드 변경 기능을 잘 활용하는 경우는 별로 없다. 가입할 때는 사후관리를 잘해주겠다고 약속했던 설계사가 정작 가입 후에는 나 몰라라 하거나 이직을 하는 경우도 많고, 변경 의견을 줘도 바쁘거나 귀찮아서 고객이 변경하지 않는 경우도 많기 때문이다. 만약 관리자가 없어졌다면 향후 펀드 변경은 어떻게 하는 것이 좋을까.

첫째, 주식의 등락을 예상해 주식이 오를 것 같으면 주식형펀드와 채권형펀드의 비중을 조절하는 것이다. 하지만 이는 주식과 펀드 투자 경험이 많은 사람에게 유리한 방법이다. 이런 투자 경험이 없는 사람들은 자신만의 가이드를 세우자. 코스피가 2,000포인트에 있을 경우 주식형펀드 50%, 채권형펀드 50%로 가다 코스피가 2,200포인트에 도달하면 채권형펀드의 비중을 100%로 하고, 코스피가 1,800포인트까지 떨어지면 주식형펀드의 비중을 100%로 변경하는 식이다.

둘째, 최근 3~5년간 가장 견고한 수익률을 보여온 펀드를 1~2년 이상 길게 가져가는 것이다. 그러다가 향후 유망한 투자분야가 생기면 그곳에 분산을 해보자. 가치주펀드에 100%에 투자했다가 향후 2~3년간은 유럽 쪽이 좋아질 것 같으면 유럽 주식형펀드에 50% 분산하는 식이다.

중도 인출

오랫동안 돈이 묶일 수 있는 저축성 보험의 단점을 만회해주는 기능이 중도 인출이다. 보험상품마다 약간 다르긴 하지만 보통 중도 인출 1회당 현재 환급금의 최대 50%까지 인출이 가능하며, 보통 연 최대 12회까지 가능하다. 만약 1,000만 원의 환급금이 있다면 1회차 때는 500만 원까지 인출 가능하고, 2회차 때는 남은 500만 원의 50%인 250만 원까지 인출이 가능하다. 이런 식으로 여러 차례 인출해서 환급금 내에서 꽤 많은 돈을 빼낼 수 있다.

이런 중도 인출 기능으로 얻을 수 있는 장점은 무얼까. 자녀 교육자금이나 여행자금 등 급히 돈이 필요할 때 유동자금을 댈 수 있다. 여유자금은 없고, 저축성 보험을 깨자니 손실이 아깝다면 가입한 보험에서 중도 인출을 하자. 또한 지속적으로 납입이 불가능할 경우 중도 인출로 납입을 유지할 수 있다.

예를 들어 7년납 10년 만기 상품에 매월 30만 원을 납입하고 있다가 가입 후 4년이 지나서 계속 납입하기 어려운 상황이 됐다고 하자. 물론 환급률도 100%에 못 미치는 상황이다. 이 경우 현재 환급금에서 50%까지 중도 인출을 받아 매월 계속 납입하고, 그러다가 중도 인출금을 다 썼다고 하면 또 중도 인출을 해서 남은 기간 동안 계속 불입해 만기를 채우면 된다. 더 이상 불입하는 것이 어렵다고 해서 환급률 100%가 되기 전에 해지하지 말고 이런 방식으로 납입을 유지하는 것이 주효해 보인다.

납입 유예

계속 납입이 어려운 상황에 쓸 수 있는 기능으로는 납입 유예가 있다. 주로 5년이 지나면 최대 36개월간 유예가 가능하다. 이는 말 그대로 유예이지 단축이 아니다. 10년납 상품의 경우 5년 후 납입 유예를 36개월간 하면 9년째부터 2년만 내도 되는 것이 아니라 5년을 더 내야 납입기간의 만기가 되는 것이다.

Key Point

- 기존에 가입한 저축성 보험은 해지하지 말고 잘 활용하자.
- 추가 납입으로 수수료는 줄이고 적립금은 키울 수 있다.
- 주식형펀드는 꾸준히 상승할 수 없다. 적절한 펀드 변경이 필요하다.

부담스러운 대출 이자 줄이는 방법 3가지

우리 가계의 큰 부담이 되고 있는 대출 이자를 줄이는 것만으로도 큰 재무 개선 효과를 볼 수 있다. 따라서 **대출 이자를 줄임으로써 부채를 줄이기 위한 처방을 내려보자.**

1,166조 원. 2015년 9월말 기준 우리나라 가계부채의 총액이다. 같은 해 대한민국 1년 예산의 세 배를 넘는 수치다. 경제활동 인구(2,708만 명) 1인당 약 4,305만 원의 빚을 지고 있는 셈이다. 1년 새 우리나라 가구의 소득은 4.3% 오른 데 반해 가계부채는 10.4%가 올랐다. 부채 향상 속도가 소득 향상 속도의 두 배를 넘어선 심각한 상황이다.

이처럼 우리들이 빌린 돈의 규모는 엄청나다. 필요해서 빌린 돈은 이자를 쳐서 갚아나가야 한다. 그런데 처음에는 잘 갚을 것만 갚았던 대출 원리금, 시간이 갈수록 점점 버겁기만 하다. 변동금리에 따라 대출 금리가 하락한다면 좋겠지만 반대로 기준금리가 오르거나 예전에 금리가 상대적으로 높았을 때 고정금리로 대출 받은 사람들의 경우 사정이 다르다. 이자만 줄어들어도 부담은 줄어들 텐데 말이다.

은행에서 잘 알려주지 않는 대출 이자 절감 방법들이 있다. 다음처럼만 하면 남은 이자총액을 줄일 수 있다.

첫 번째 방법은 일부 중도상환이다. 시중은행의 경우 중도상환수수료는 주로 3년까지 1.5%를 부과한다. 만약 대출 실행 후 1년 만에 중도상환하면 중도상환금액의 1%를 수수료로 내야 하고, 2년 만에 중도상환하면 0.5%를 내야 한다. 그런데 은행에서는 대출 상품에 가입할 때 중도상환수수료율에 대한 설명만 하지 중도상환이 가져다주는 효과는 설명하지 않는다. 바로 은행의 가장 큰 수입인 이자 수입이 줄어들기 때문이다.

예컨대 연 금리 4%, 10년 만기, 거치식상환 조건으로 1억 원을 빌렸다고 하자. 5년간 이자만 내다 5년 이후에 원금과 이자를 갚는 조건이고, 계산의 편의상 고정금리로 가정하겠다. 이 경우 5년간 매월 갚아야 하는 이자는 33만 3,333원이고, 이자만 내야 하는 5년간 이자총액은 1,999만 9,980원이다. 그런데 1년 뒤에 1,000만 원을 일부 중도상환하면 총비용은 어떻게 변할까.

두 방식의 5년간 총비용(이자+수수료) 차이는 자그마치 149만 9,984원이다. 중도상환을 하면서 대출 잔금이 1억 원에서 9,000만

중도상환 시 원리합계

1년간 이자총액	3,999,996원
1년 후 중도상환 수수료	100,000원 (10,000,000원×1.0%)
나머지 4년간 이자총액	14,400,000원 (대출잔액 90,000,000원에 대한 총액)
합계(이자+수수료)	18,499,996원

원으로 줄어들었기 때문에 당연히 매월 내야 하는 이자도 줄어들게 된다. 은행이 중도상환을 적극 권장하지 않는 이유다. 결국 중도상환 수수료를 내서라도 대출 잔액을 줄이는 것이 훨씬 유리하다는 이야기다. 또한 요즘에는 중도상환금액의 10% 이상에 대해서는 중도상환수수료를 부과하지 않는 상품들도 많다. 여러모로 중도상환하는 것이 유리하다.

만약 1년 후 중도상환하는 금액이 더 커지거나 매년 이런 식으로 중도상환하면 전체 비용도 줄어든다. 그리고 주로 3년이 지나면 중도상환수수료가 부과되지 않기 때문에 이후에도 적극적인 중도상환을 통해 이자총액을 줄일 필요가 있다. 중도상환을 통한 총비용 절감은 원금균등방식, 원리금균등방식의 경우에도 마찬가지다.

두 번째 방법은 대환대출(대환)이다. 이는 기존의 대출을 다른 대출로 갈아타는 방법으로 주로 금리를 줄이려는 목적으로 실행한다. 대출을 일으킨 후 본인의 신용등급이 좋아지거나 낮은 금리의 상품이 출시됐다면 대환을 신청해보자. 최근에는 가(假)조회를 하면 조회기록은 남지만 신용도 점수가 떨어지지는 않는다. 그러므로 대환을 원

한다면 한두 차례 대출 견적을 뽑아도 된다. 그리고 대환 후 첫 번째 방법처럼 일부 중도상환을 하자. 이자총액은 더욱 낮아질 것이다.

대환은 어느 정도 보편화돼 있는 반면, 세 번째 추천 방법인 금리인하 요구권은 아는 사람이 별로 없다. 금리인하 요구권은 상환 능력이 더 좋아지면 은행에 금리인하를 요구할 수 있는 권리로서 신용대출을 비롯해서 자동차 할부와 같은 할부금융과 리스에도 신청할 수 있으며, 담보대출도 일부 가능하다.

대출 후 개인의 신용등급이 올라가거나 연 소득의 상승, 직장 변동, 직장 내 직위 상승, 전문자격증 취득 후 현업 근무 등 여러 여건이 좋아지면 금리인하 요구권을 신청해보자. 하지만 승진으로 급여가 오르거나 안정적인 직장으로 옮겼다 해도 부채비율이 상승했다면 금리인하 요구가 거절될 수 있다.

금리인하 요구권은 고객에게 좋은 권리임에도 금융사에서는 적극 알리고 있지 않는 것이 현실이다. 특히 보험사, 저축은행, 여신전문금융사, 상호금융사 등 제2금융권의 경우, 상품설명서와 홈페이지를 통한 금리인하요구권의 안내 비율이 30%도 채 안 된다고 금융감독원은 밝혔다(2015년 6월말 기준).

담보대출을 신규로 받을 때는 매월 납입할 여력이 된다면 거치식 상환 방식보다 원금균등분할상환 방식이나 원리금균등분할상환 방식을 선택하는 것이 이자총액의 절감 측면에서는 유리하다. 만약 원리금 상환에 부담을 느껴 초기에 이자만 내도 되는 거치식 상환 방식을 선택한다 해도, 원금만 내는 기간을 5년이 아닌 1, 3년 정도로 선택할 것을 권한다.

대출 원리금을 줄여나가는 것만큼이나 현재의 재무상황을 개선시키는 것도 없다. 따라서 향후 내야 할 이자의 총액을 줄이는 것은 가장 적극적인 자산 리모델링 방법이라 할 수 있겠다.

Key Point

- 대출 이자를 줄이는 것이야말로 가장 적극적인 리모델링 방법이다.
- 대출 이자 감소를 위한 가장 효과적인 방법은 대환 후 일부 중도상환이다.
- 금리인하 요구권은 금융사에서 적극 홍보하지 않는 것 중 고객에게 유리한 것의 대표적인 예다.

높은 신용등급 유지하는 꿀팁

현대사회는 신용사회다. 신용이 좋으면 현금 없이도 어딜 가나 물건을 살 수 있고, 주택 구매나 투자를 목적으로 큰 금액의 대출도 받을 수 있다. 금융사에서는 신용카드 한도나 대출 여부, 대출 한도, 대출 금리 등을 정하기 전에 개인의 신용등급을 확인하는 절차를 거친다. 그리고 이런 신용등급은 주로 신용평가사나 금융사들이 산정한다. 신용평가사는 개인의 부채규모, 연체정보, 신용형태, 거래기간 순으로 가중치를 둔 정보를 종합해 신용등급을 1등급에서 10등급으로 나눈다. 신용등급이 높은 1등급과 낮은 10등급 간 대출 금리 차이는 최대 23%에 이른다. 신용등급을 좋게 유지할 수 있는 방법 몇 가지를 소개한다.

연체는 금물!

연체가 많으면 개인의 신용등급은 뚝뚝 떨어진다. 돈을 갚을 능력이 그만큼 떨어졌다고 보기 때문이다. 10만 원 이상의 금액을 90일 이상 연체하면 연체금액을 변제한 후에도 기록이 단기 연체는 3년, 장기 연체는 5년 동안 신용평가사에 남는다. 따라서 은행의 대출은 물론 카드 값, 국세·지방세, 건강보험, 통신비·관리비·공공요금 등의 비금융 거래정보와 관련된 것도 체납하면 안 된다. 휴대폰요금이나 아파트관리비 등 정기적으로 내야 하는 요금들은 꼭 자동이체를 걸어놓고, 이들 돈이 빠져나가는 통장의 잔고도 여유 있게 두도록 하자. 연체가 여러 건 있다면 오래된 것부터 갚고, 연체기간이 같다면 금액이 큰 것부터 갚는 것이 좋다.

제2금융권 대출을 최소화하라!

제2금융권에서 신용대출을 받으면 신용등급이 하락할 가능성이 있다. 제1금융권에서 대출이 어려워 제2금융권에서 받는 경우도 많거니와 저축은행에서 대출받은 사람의 연체율을 상대적으로 높게 보기 때문이다.

현금서비스와 카드론 사용을 최소화하라!

현금서비스와 카드론을 자주, 그리고 많이 이용하는 사람은 신용도가 떨어진다. 현재 가용할 수 있는 현금이 부족하다고 신용평가사가 판단하기 때문이다. 2015년말 금융감독원은 장기 연체가 아닐 경우에는 현금서비스 이용에 대해 신용평점의 하락 기준을 완화한다고 발표했다. 하지만 어디까지나 완화일 뿐 현금서비스의 빈번한 사용에 대해서는 신용등급의 하락이 불가피하다. 또한 현금서비스와 카드론을 사용한 경우 현금이 생기면 바로 갚는 것이 좋다.

주거래은행을 터라!

시중은행에서 한도도 높이고 대출 금리를 낮출 수 있는 방법이다. 금융사는 자사 거래 실적이 많은 우수고객에게 높은 신용등급을 매긴다. 또 신용카드 사용 시에는 할부보다는 일시납을 하는 것이 좋다. 할부는 앞으로 갚아야 할 부채일 뿐 아니라 사용자가 갚지 못할 가능성도 있기 때문이다.

4장

금융사가 알려주지 않는 재테크의 묘수

절대 깨지 말아야 할 보험들

자신의 필요에 맞지 않게 가입한 보험들은 과감히 리모델링하는 것이 좋으나 절대 깨지 말아야 하는 보험들도 있다. 이런 보험들을 깨고 다른 보험을 제안하는 설계사는 보험을 잘 모르거나 자신의 실적을 위해 과욕을 부리는 것이니 조심하자. 깨지 말아야 할 보험들은 다음과 같다.

2009년 7월 이전의 실손의료보험

실손보험은 최근 10년 사이 여러 차례의 개정을 거쳤는데, 지금보다 예전 실손보험의 보장이 낫다. 특히 2008년 9월~2009년 7월의 실손보험은 입원 시 최대 보장한도가 1억 원이며 입원 금액의 보장 비율도 100%다. 2009년 9월 이후의 실손보험이 입원 시 최대한도

5,000만 원에 보장비율 80~90%(2015년 도중 비급여에 대해 최대 80%로 하향)인 것에 비해 한도나 비율 면에서 훨씬 좋다. 2009년 7월 이전의 실손보험은 해외진료 시에도 본인부담금의 40%를 보장해주지만 현재의 실손보험은 보장해주지 않는다.

이때 실손보험이 더욱 매력적인 것은 바로 상해의료실비 담보 때문이다. 현재는 상해로 외래 치료 시 1건당 자기부담금이 최소 1만 원 이상이지만, 2009년 7월까지의 실손보험은 다르다. 상해의료실비 담보를 가입했을 경우 상해에 의한 입원·외래·처방조제에 대해 1,000만 원 한도 내에서 자기부담금이 없다. 또한 현재의 실손보험이 교통사고 시 보장이 안 되는 반면, 이때의 실손보험은 교통사고 시 자동차보험의 보장 외에 추가로 50%까지 보장받을 수 있다. 또 산업재해 시에도 50%까지 보장받을 수 있다.

10년 이상 된 암보험

우리나라 여성들이 가장 많이 걸리는 암이 바로 갑상선암이다. 그렇다 보니 보험사들이 손해율을 줄이기 위해 오래 전부터 갑상선암을 일반암에서 소액암으로 분류하기 시작했다. 지금은 대부분 소액암에 해당하는 보장을 받는다. 소액암은 일반암 진단비의 10~20%만 보장해준다. 일반암 진단비가 3,000만 원으로 설계됐다면 300~600만 원만 보장받는 것이다.

그러나 10년 이상 된 암보험은 주로 갑상선암이 일반암에 속해 있을 시절에 가입해둔 것일 텐데, 이러한 보험에 여러 개 가입되어 있어 일반암 진단비의 합산이 1억 원이라면 갑상선암에 걸릴 경우 1억 원을 다 받을 수 있다. 갑상선암 치료비가 대략 1,000만 원 선이니 꽤 많은 차액이 남는 셈이다. 오래된 암보험에 가입했다면 해당 보험 증권이나 약관을 꼼꼼히 살펴보자.

1998년~2000년 판매된 S생명 '요실금보험'

출시 당시 엄청난 인기를 끌던 상품이다. S생명이 일명 '요실금보험'으로 불리는 보험을 1998년에 출시하자마자 폭발적인 판매가 이뤄졌다. 요실금에 대해 정액으로 500만 원을 보장해주는 보험으로, 출시 후 오래지 않아 가입자들이 보험금을 워낙 많이 타면서 손해율이 높아졌다. S생명은 2년 만에 이 보험의 판매를 중단했고, 심지어 개발에 관여했던 임직원 두 명이 사임하기도 했다. 이후 요실금을 보장해주는 상품들의 보장금액은 대폭 낮아졌다. 현재는 일부 보험사에서 50만 원 이하의 소액으로 보장해주는 상품이 전부다.

치조골이식수술 특약이 있는 보험

2000년대 중반까지 판매된 생명보험사의 몇몇 보장성보험들 중에는 수술 특약의 보장 내용 중에 치조골이식수술이 있었다. 이로 인해 임플란트 수술 시 보험금을 받을 수 있어 이 보험 상품들은 꽤 많은 인기를 누렸다. 보험사 상품마다 약간 다르지만 임플란트 1개당 150만 원에서 200만 원까지 보장해주며, 연간 임플란트 보험금 수령 횟수에 제한이 없는 상품들도 있다. 어떤 상품은 갱신형을 선택할 경우 5년마다 보장금액의 15%가 오르기도 한다. 약관 내용 중 수술 특약에 치조골이식수술을 보장한다는 항목이 있다면 임플란트 시술 시 정액형 보험금을 받을 수 있으니 꼭 유지하는 것이 좋다.

2000년 초반까지의 확정금리 주는 저축성 보험

2000년 초반까지의 저축성 보험 중에는 연 10%대의 공시이율을 고정으로 지급해주는 상품들이 있었다. 더욱이 복리로 운용된다. 현재 판매되는 저축성 보험의 공시이율은 대부분 3%대이며 그나마 이것도 변동금리다. 최저보증이율도 10년 이전 2%대, 10년 이후 1.5%인 상품들이 많다. 2000년 초반까지 가입한 10%대의 고정 공시이율 상품은 요즘 같은 저금리시대에는 꿀 같은 선물인 셈이다.

Key Point

- 보험 리모델링을 빙자해 무조건 해약을 권장하는 설계사는 조심하라.
- 오래된(보통 8~10년 이상) 보장성보험은 가급적 유지하는 것이 좋다.
- '임플란트보험' '요실금보험' 등 특판 형태로 판매된 보험은 가급적 유지하는 것이 유리하다.

ETF로 짭짤한 수익 내기

바야흐로 ETF(Exchange Traded Fund, 상장지수펀드) 전성시대다. 2010년 6조 원이었던 ETF 순자산총액은 2015년 4월말 기준 20조 원까지 성장했다. 5년간 세 배 넘게 큰 것이다. 순자산 규모 기준 세계 10위권 이내이며, 상장종목 수에서는 아시아 1위다. 금융위원회에서는 2015년 말 저성장·저금리시대의 효율적인 자산관리 수단으로 ETF를 꼽기도 했다. 해외에서도 ETF가 큰 인기를 얻고 있다. 글로벌 ETF의 순자산총액은 2010년 1조 4,830억 달러에서 2015년말 2조 9,840억 달러로 두 배 이상 성장했다.

ETF는 코스피200 같은 지수, 원유·금 같은 자산의 가격 움직임과 연동되도록 설계된 펀드로, 거래소에 상장되어 주식처럼 거래할 수 있다. 한마디로 '주식처럼 매매할 수 있는 펀드'다.

ETF는 펀드 대비 매매의 순발력을 살릴 수 있다. 펀드는 국내주식형의 경우 투자 시점이 15시 이전이면 주로 당일 종가가, 15시 이후면 영업일 기준 익일 종가가 반영된다. 해외주식형은 보통 2~3영업일 후의 종가가 반영된다. 반면 ETF는 주식처럼 현재 거래가격에서 바로 매수 가능하다. 매도 시에도 1~2일 뒤의 종가가 적용되는 펀드와는 달리 현재 거래가격에서 매도할 수 있다. 주식과는 달리 증권거래세가 면제되고, 연간 운용보수가 1%가 넘는 펀드와는 달리 운용보수도 1%가 안 되는 등 거래 비용도 낮은 편이다.

무엇보다도 가장 매력적인 부분은 적은 비용으로 국내외 다양한 대상에 투자할 수 있다는 점이다. 코스피 상승이 예상되면 코스피200에 연동되는 ETF에, 하락이 예상되면 인버스 ETF에 투자하면 된다. 한 주를 사는 데 최대 투자비용이 3만 원도 안 된다. 제약·바이오주에 투자하고 싶은데 어떤 종목을 골라야 할지 고민된다면 국내 여러 헬스케어 종목을 담고 있는 헬스케어 ETF를, 배당주 종목을

ETF, 펀드, 주식 비교

	ETF	펀드	주식
결제 주기	T+2일	T+3~8일	T+2일
거래비용	위탁수수료, 운용보수(0.07~0.99%)	운용보수(1~3%), 중도환매수수료	위탁수수료
매매 시 세금	국내주식형: 없음 그외: 소득세(15.4%)	소득세(15.4%)	거래세(0.3%)
장중 거래	가능	불가	가능

(출처: 증권거래소)

선정하기 어렵다면 배당성장 ETF를 투자 포트폴리오에 담으면 된다. 미국 달러나 원자재에 투자하고 싶은데 펀드를 가입해야 할지, 실물을 직접 사들여야 할지 고민되는 사람에게는 ETF를 통해 소액으로 쉽게 투자할 것을 권한다. 주식과 펀드의 단점은 보완하면서 이들의 장점을 잘 살린 상품이 바로 ETF다.

그런데 사실 지금까지의 이야기는 ETF 관련 책이나 기사 검색을 통해서도 충분히 접할 수 있는 것이기에 그리 참신한 내용은 아니다. ETF 투자를 통해 자산을 조금씩 불려나갈 수 있는 나만의 노하우와 몇몇 ETF를 지금부터 추천하려고 한다.

2011년부터 2015년까지 코스피는 최저 1,600포인트에서 최고 2,220포인트까지 박스권에서 등락을 거듭했다. 어느 정도 오르면 곧 조정받고, 반대로 박스권 내에서 많이 떨어졌다 싶으면 오래지 않아 하락분을 만회하는 모습이 5년간 반복됐다.

만약 코스피가 2,000 선에 있고 2016년 증시의 등락에 대한 예측이 어렵다는 가정하에 100이라는 자금을 투자한다고 하자. 그리고 이 돈을 코스피200 ETF와 인버스 ETF에 각각 50씩 투자해보자. 이 경우 주가가 떨어지면 인버스 ETF에서 수익이 발생되니 목표했던 수익률에 도달하면 이 상품을 환매하자. 코스피200 ETF는 인버스 ETF와는 거의 역(逆)의 수익률을 보일 것이다. 대형 악재가 연속되지 않는다면 다시 상승하면서 2,000선까지 올라가고, 만약 2,000선을 뚫고 목표했던 수익률에 도달하면 환매하면 된다.

이런 투자 기법은 향후 코스피가 계속 박스권에서 등락을 반복할

저항선

주가가 어느 정도 오른 뒤, 주가의 추가 상승을 막으려는 매도 세력에 의해 가격 상승이 막혀버린 기준선

것이라는 믿음이 강할 때 유효하다. 또한 목표수익률을 정해놓고 투자하는 것이 좋다. 수익률 5%에 도달했다고 해서 10%~15% 수익률에 대한 욕심을 낼 경우 꾸준히 상승하지 않고 박스권의 **저항선**에 걸린다면 수익률이 어느 순간 5% 이하로 떨어질 수 있기 때문이다. 따라서 이런 투자는 중장기 투자보다는 주가의 추세를 읽는 단기투자에 어울린다. 단기투자를 원치 않거나 어려워하는 사람은 실행하지 않는 것이 좋다.

이런 투자는 2015년에 미국 금리 인상설을 이용해서 효과를 봤다. 미국이 2015년 9월쯤 금리를 인상할 가능성이 높다고 하자 미국 달러 가치는 그해 4월부터 계속 상승했다. 그러다 중국 경기 둔화 등 글로벌 경기가 호전되지 않자 8월부터는 금리 인상을 미루자는 여론이 많았고, 꾸준히 오르던 달러 값은 9월초 조정되기 시작했다. 10월 말에는 12월 금리 인상 가능성이 상당히 높게 점쳐지면서 달러 값이 다시 반등했다.

나의 경우 상반기에 달러 관련 ETF에 투자했다가 목표수익률에 도달하자 바로 환매했고, 달러 값이 한참 떨어진 10월에 다시 샀다가 11월에 다시 팔아 수익을 냈다. 기축통화인 달러가 주식처럼 꾸준히 오르거나 떨어지기는 어렵다. 미국과 글로벌 경기 상황 등에 영향을 받기 때문에 일정한 범위 내에서 등락을 반복하는 특징이 있다. 이런 글로벌 뉴스와 거시지표의 등락을 활용해 ETF로 조금씩 수익을 낼 수 있다.

ETF를 통해 위험 분산을 하는 투자도 할 수 있다. 향후 주가가 오를 것 같지만 하락에도 대비하고 싶으면 롱숏펀드의 투자원리와 비슷하게 60%는 코스피200 ETF에, 40%는 인버스 ETF에 투자하는 식이다. 달러 ETF도 인버스 상품이 있으니 롱숏펀드와 비슷한 식으로 투자하면 되겠다.

지금까지 설명한 ETF를 통한 단기투자 방법 외에도 목돈 마련, 목돈 불리기도 가능하다. 국내 ETF 중에서는 주식과 마찬가지로 적립식 투자가 가능한 종목들이 여럿 있다. 금융사가 먼저 추천하지 않은 탓이겠지만, ETF도 목돈 마련을 위한 좋은 적립식 상품이라는 것을 대부분의 사람들은 모르고 있다. 또한 중장기 전망이 좋은 헬스케어 ETF나 배당성장 ETF 등은 내가 중장기 투자용으로 추천하는 상품들이다. 현재 투자 상품 중에 ETF가 없다면 약간의 리모델링을 거쳐 소량이라도 ETF를 담아볼 것을 권한다.

추천 ETF: 코스피200 관련 레버리지·인버스, 국내 소비재, 국내 배당성장, 중국소비테마, 달러 관련 레버리지·인버스, 헬스케어

Key Point

- 주식과 펀드 투자로 큰 재미를 못 본 사람에게 ETF를 추천한다.
- 적은 비용으로 국내외 다양한 대상에 투자할 수 있다는 것이 가장 큰 매력이다.
- 치고 빠지는 단기투자, 중장기 유망 대상에 투자하는 중장기 투자, 목돈 마련을 위한 적립식 투자가 모두 가능하다.

이것저것 헷갈리면 채권에 묻어두자

글로벌 정세가 변화무쌍해 주식에 투자해야 할지 안전한 예금이나 부동산에 투자해야 할지 헷갈릴 때가 많다. 그렇다면 채권에서 잠시 쉬어가거나 오랫동안 돈을 묻어두자. 자본시장에서 주식과 함께 가장 많이 투자하는 대상이 바로 채권이다. 채권은 중위험 · 중수익 또는 저위험 · 중수익 투자에 걸맞은 대표 상품이다. 자산 안전하게 불리기의 첨병 역할을 하는 채권의 효과적인 투자 방법과 장단점은 무엇일까.

채권은 국가, 지방자치단체, 기업 등이 사업에 필요한 자금을 조달하기 위해 발행하는 유가증권이다. 일상생활에서 들어봤을 만한 채권으로는 주택 매입 시 발행되는 국민주택채권, 자동차 구입 시 발행되는 공채 등을 들 수 있겠다. 이 중에서 증권사를 통해 직접투자 형태로 가입하는 개별 채권은 주로 회사채이며, 펀드나 변액보험 같은 간접투자 상품은 주로 국가와 지방자치단체가 발행하는 국채, 지방채 등의 국공채에 투자한다.

회사채는 2~3년 전 동양, 웅진, STX 사태 이후 투자자들이 많이 줄어든 데다 최근에는 시장도 경색돼 있기 때문에 채권 투자를 원한다면 분산투자를 할 수 있는 채권형 펀드를 권한다. 채권형 펀드는 글로벌 경기 상황에 따라 투자 대상을 구분하는 것이 좋다. 경기가 좋지 않을 때는 안전한 국내채권형펀드와 선진국채권형펀드를, 경기가 좋을 때는 이머징채권형펀드나 해외하이일드펀드를 추천한다.

채권은 채권전용펀드인 채권형펀드 외에도 혼합형펀드, 변액보험에도 일정 부분 투자되고 있다. 혼합형펀드 내 채권의 실제 비중은 주로 30~70% 선이다. 변액보험 중에서 변액연금보험은 채권형펀드의 비중을 주로 50% 이상으로 유지해야 하며, 변액유니버셜보험은 채권형펀드의 비중을 투자자가 0~100% 사이에서 유연하게 조절 가능하다.

채권 투자의 장점으로는 회사채의 경우 3~7% 정도의 고정된 이자수익을 챙길 수 있고, 이런 이자수익을 이표채로 해서 3개월이나 6개월 단위로 정기적으로 받을 수 있다는 점이다. 투자한 채권의 값이 오르면 매도해서 매매차익까지 거둘 수 있다. 단, 만기가 2~3년 이상으로 긴 채권들이 많으며, 신용등급 하락이나 부도가 일어날 경우 원금 손실을 볼 수 있다는 단점도 있다.

국내외 여러 채권들에 분산투자하는 채권형펀드는 위험이 분산되고, 최장 90일만 지나면 환매수수료 없이 환매가 가능하다는 장점이 있다. 채권 자체의 안정성과 분산투자 효과, 회사채 대비 유동성까지 확보하고 있는 데다 가입의 용이성까지 갖추고 있다.

채권도 여러 요소에 의해 값이 변동된다. 투자한 회사와 국가의 신용등급이 상승하고 금리가 하락하면 채권 값은 오른다. 환율과 물가도 채권 값에 간접적으로 영향을 미친다. 환율이 오르면 물가도 오르고, 물가를 잡기 위해 금리를 올리면 이에 따라 채권 값이 하락할 수 있다. 이외에 주식과 파생 시장의 움직임에 따라 채권 값이 변동될 수 있다.

채권 투자는 적립식과 거치식 투자를 병행해도 좋다. 적립식 투자는 월 분산투자 효과가 발생되기에 다양한 위험도의 채권형펀드에 고루 투자해볼 만하다. 거치식 투자는 목돈이 들어가기 때문에 A+ 등급 이상의 회사채나 국내채권형펀드, 선진국채권형펀드 등 가급적 안전한 곳에 투자하길 권한다. 회사채의 경우 수익이 다소 적더라도 가급적 만기가 짧은 회사채를 고르자. 거치식 투자의 경우 연 기대수익률을 3~6%로 잡고, 여유자금이 있을 경우 추가 납입하고, 유동자금이 필요할 경우 부분환매해서 자금을 인출하면 된다.

회사채 투자를 통해 발생되는 이자수익에 대해서는 이자소득세(15.4%)를 내야 하지만, 매매 차익은 비과세된다. 채권 투자에서 발생되는 수익은 금융소득종합과세에 해당될 수 있으니 이에 해당되지 않도록 투자 금액을 조절하자.

우리나라 주식시장에서 개인투자자의 승률은 극히 낮아 열 명 중한 명만 누적 수익률이 플러스라고 한다. 또 금융정보업체 와이즈에프엔에 따르면, 개인투자자가 2015년 가장 많이 사들인 종목 10개가 모두 1년간 마이너스 수익률을 기록했다. 이들 10개 종목의 평균 수익률은 -32% 수준이다. 따라서 잃지 않는 투자를 위해 투자포트폴리오에서 채권의 비중을 높여서 안전하게 자산을 불려나가는 지혜를 가져보자.

Key Point

- 가장 추천하는 채권 투자 상품은 채권형펀드와 채권혼합형펀드다.
- 신용등급 A- 미만의 회사채에 투자하는 것은 가급적 지양하자.
- 금리가 오르거나 신용등급 강등이 예상될 경우 채권 투자에 유의하자.

오래 묻어둘 만한 투자 상품

"어디 오랫동안 묻어둘 만한 곳 없나요?" 투자자들의 가장 큰 관심사 중 하나다. 단기투자로 생긴 원리금을 재투자해서 또 수익을 올리는 것은 유익하고 재미있지만, 자주 신경 써야 하기 때문에 한편으로는 피곤하기도 하다. 바쁠 때는 일부 자금을 유망한 자산에 묻어두고 신경을 적게 쓰고 싶을 때도 많다. 기간별로 포트폴리오에 균형을 주려면 중장기 투자 자산이 어느 정도 포진해 있는 것이 좋다. 내가 상담 때마다 추천하는 상품을 꼽아보았다.

헬스케어펀드, ETF

중장기 투자를 원하는 사람에게 가장 많이 추천하는 상품이다. 헬스케어 상품은 다음과 같은 이유로 추천한다. 먼저 선진국에서 심각한 문제가 되고 있는 인구 고령화다. 주요 선진국은 2025년에 전체 인구 중 55세 이상이 차지하는 비중이 평균 40%에 이를 것으로 예상된다. 이미 고령 사회에 진입한 우리나라의 인구 구조는 머지않아 다이아몬드에서 역삼각 형태로 전환될 것으로 예상된다. 노후의 가장 큰 관심사는 건강과 돈(노후자금)이다. 과거에 비해 평균수명이 많이 늘어났고, 건강하게 오래 살고자 하는 욕구도 갈수록 증대되고 있다. 소득도 늘면서 건강에 쓰는 돈도 늘고 있다.

정책 호재도 헬스케어 산업의 미래를 밝게 한다. 산업통상자원부는 '스마트 헬스케어 산업 활성화 방안'을 내놓으며 2015년 헬스케어 산업에 300억 원을 투입한다는 계획을 세웠다. 이에 맞춰 2015년에는 한미약품을 비롯한 제약·바이오주들의 주가가 많이 올랐다.

헬스케어펀드는 투자 대상에 따라 해외와 국내펀드로 나누어 출시됐으며, 펀드와 ETF의 형태로 판매되고 있다.

인프라펀드

고속도로나 터널 등을 이용할 때는 통행료를 내야 한다. 이런 인프라시설을 이용할 때마다 '안정적인 수입이 나오는 이런 시설에 투자할 수 있다면 얼마나 좋을까?' 하는 생각이 들곤 한다. 그런데 실제로 그런 상품은 존재한다. 심지어 펀드 형태로 출시되어 주식시장에 상장, 판매되고 있다. 이 종목의 투자 대상은 다음 페이지의 표와 같다.

이런 유료도로, 교량, 터널 등 인프라 자산의 시행(건설 및 운영)을

추천 인프라펀드의 투자 자산 분포(2015년 9월 30일 기준)

백양터널	100
광주 제2순환도로, 1구간	100
인천국제공항 고속도로	24.1
수정산터널	100
천안-논산 고속도로	60
우면산터널	36
광주 제2순환도로, 3-1구간	75
마창대교	70
용인-서울 고속도로	35
서울-춘천 고속도로	15
인천대교	41
부산 신항만 2-3단계	30

목적으로 설립된 법인의 주식 · 채권, 같은 법인에 투자한 회사의 주식 또는 지분 등에 투자하고 있다. 2015년 12월 기준 최근 5년간 누적수익률은 216%다. 또한 연 4~6% 수준으로 지급되는 배당도 이 상품의 매력 포인트다. 국내 인프라 시설에 간접적으로 투자해 위험도도 낮은 편이어서 오래 투자할 만하다. 이 종목은 국내주식시장에 상장돼 주식처럼 자유롭게 매매가 가능하며, 현재 런던증권거래소에도 상장돼 있다.

중국주식

미국과 함께 G2로 떠오른 중국. 최근 2년간 주식시장이 무척 출렁거렸지만 중국 자본시장의 장기성장에 이의를 다는 사람은 별로 없다. 아직 안정화가 되지 않아 단기로는 변동성이 크겠지만 나는 중국주식이 결국 길게 봐서는 좋은 성과를 낼 것이라는 믿음이 강하다. 중국주식에 직접 투자할 때는 다음 세 가지 테마에 해당되는 종목에 관심을 가져보자.

중국이 야심차게 추진하는 국가 프로젝트 중 '일대일로'(一帶一路)라는 것이 있다. 신(新) 실크로드 전략으로 중국-중앙아시아-유럽을 연결하는 육상 실크로드(일대)와 중국-동남아시아-유럽을 거쳐 아프리카를 잇는 해상 실크로드(일로)를 구축하겠다는 거대 사업이다. 미국을 넘어설 야심이 담겨 있는 프로젝트이므로 열차와 레일, 관련 장비를 만드는 회사에 중장기 투자를 권한다.

중국은 미세먼지와 스모그 등으로 환경오염이 심각한 수준에 이르렀으며, 이런 환경문제로 인해 막대한 사회적 비용을 치러야 한다. 더 살기 좋은 환경을 만들기 위해 중국 정부가 환경을 개선할 것으로 보이며, 전기차나 음식물분해기 등 여러 친환경제품을 생산하는 기업이 유망해 보인다.

또 하나 유망한 분야가 바로 보험이다. 중국 경제의 급부상으로 자동차 등록 대수가 폭발적으로 늘어났고, 이에 따라 자동차보험 가입 수요도 상승하고 있다. 최근 서서히 대두되고 있는 고령화 문제에 따른 생명보험과 연금보험, 수많은 공장의 화재에 대비할 화재보험도 유망 분야다. 중국펀드도 좋지만 이들 테마에만 국한해서 소액을 중장기 직접투자 해볼 것을 권한다.

채권혼합형펀드

주식 · 주식형펀드보다는 안정적이고, 예금 · 채권형펀드보다는 높은 수익을 원하는 투자자에게 딱 어울린다. 약관상 주식 비중을 50% 미만으로 가져가야 하는 상품으로, 2015년 기준 설정액 상위 채권혼합형펀드는 주로 채권 비중이 60~70%, 주식 비중이 30%였다. 채권은 국내 국공채, 회사채 등이다. 주가의 변동 폭이 컸던 2015년에는 5조 원이 넘는 자금이 채권혼합형펀드에 몰리며 선풍적인 인기를 끌었고, PB들은 같은 해 최고 주목 받은 상품으로 이 상품을 꼽기도 했다. 중위험 · 중수익 상품군 중 대표적인 상품으로, 앞으로도 오랫동안 인기를 끌 것으로 보인다. 중장기 투자는 하고 싶은데 주식에 투자해야 할지, 채권에 투자해야 할지 감이 안 잡힌다면 눈 딱 감고 채권혼합형펀드에 묻어둘 것을 권한다.

배당주펀드

국내주식이나 펀드에 장기적으로 투자하면서 비교적 안정적인 수익을 얻기를 원하는 투자자에게 많이 추천하는 상품이다. 기업이 꾸준히 배당을 줄 수 있다는 것은 꾸준히 탄탄한 수익을 낸다는 얘기다. 정부의 경제정책도 호재다. 2014년 정부는 기업의 사내 유보금을 시설 투자나 배당 등에 활용할 것을 권고했다. 박스권에 머물러 있던 주가를 부양하려는 의도였다. 이후 삼성전자, 현대차 같은 기업들이 배당을 늘렸다. 이런 배당친화 정책은 지속될 전망이다. 비교적 안정적 수입을 올리는 회사에 투자하고, 이 회사에서 나오는 배당을 보너스로 받을 수 있어 장기투자자들에게 '머스트 해브'(Must Have) 아이템으로 통한다.

가치주펀드

'가치주'란 실적이나 자산 등의 내재가치에 비해 저평가돼 있는 주식을 말한다. 고성장·고수익을 기대하는 성장주와 달리 안정적인 성장세를 유지하는 기업들에 주로 해당된다. 상승장에서 폭발적인 수익을 내지는 않지만 하락장에서는 저평가된 만큼 상대적으로 선방해 수익률 변동이 적은 편이다. 따라서 일부 언론에서는 이런 가치주에 투자하는 펀드인 가치주펀드를 중위험·중수익 상품으로 분류하기도 한다. 가치주펀드는 코스피가 박스권에 갇혀 있던 최근 5년간 비교적 견고한 수익을 내면서 조금씩 몸집을 불려왔고, 나도 중장기 투자를 원하는 사람에게 과거 5년간 연평균 6~8% 정도의 수익을 꾸준히 냈던 가치주펀드를 계속 추천해왔다. 가치주펀드는 금리가 낮고 주가 변동이 심해 투자할 곳이 많지 않은 자산관리 시장에서 중장기적으로 좋은 대안으로 자리 잡고 있다.

Key Point

- 중장기 투자로 가장 먼저 추천하는 상품은 헬스케어 관련 펀드와 ETF다.
- 중국주식에 직접 투자할 때는 정부 정책의 영향을 받는 테마 위주로 투자하자.
- 중장기적으로 견고한 수익을 바랄 때는 배당주펀드와 가치주펀드가 좋다.

신차 · 중고차 할부는 제1금융권으로

우리가 신차나 중고차를 구매할 때는 대부분 자동차 회사의 할부상품을 이용한다. 그 외에 다른 할부상품이 있다는 것을 잘 모르기 때문이다. 하지만 조금만 검색하고 발품을 팔면 이자를 꽤 줄일 수 있는 방법이 있다. 자동차 영업사원이 알려주지 않는 상품, 과연 어떤 것일까.

국내의 국산차와 수입차 업체들은 자체 캐피탈사를 두고 있거나 다른 캐피탈사와 제휴를 맺고 있다. 영업사원들은 신차를 할부계약하는 고객들에게는 대부분 제2금융권에 해당하는 캐피탈을 연결해주는데, 제2금융권의 대출 금리가 제1금융권보다 높다는 것은 모두가 알고 있는 상식이다. 자동차 할부 관련 캐피탈사의 대출 금리는 국산차(기존에 국산차였던 자동차 업체 포함)의 경우 5% 내외이며, 수입차의 경우 보통 7~8%다.

반면 시중은행에는 오토론이라는 자동차 할부 상품이 있는데 이 상품의 금리는 4% 초반이다. 한편 모 은행의 자동차 할부 상품은 금리가 2015년 10월 기준 최고 4.25%이고, 여기에 우대금리를 적용하면 최대 3.3%까지 내려간다. 우대금리도 그리 까다로운 조건이 아니다. 급여 이체나 스마트뱅킹 가입, 공과금·관리비 이체 등만 해도 추가로 0.4~0.5%를 할인받을 수 있다.

만약 3,000만 원짜리 차를 사는데 여기서 할부원금 1,500만 원을 36개월 할부로 낸다고 가정하겠다. 국산차를 구매할 경우 캐피탈 금리가 5%, 제1금융권 자동차 할부 상품의 금리가 4%라고 했을 때 각 대출 상품의 3년간 총 이자는 아래 표와 같다. 상황은 원금균등방식을 적용한다.

23만 원이나 차이가 난다. 당연히 제1금융권 할부를 이용하는 것이 더 유리하다. 시중은행 상품에서 우대금리를 적용받으면 이자를 더 낮출 수 있어 차이는 더 벌어질 수 있다. 제1금융권 자동차 할부를 사용하면서 이자를 줄일 수 있는 또 하나의 팁이 있다. 바로 특정 기간이 지난 후 목돈이 있으면 중도상환을 하는 것이다. 은행 자

은행과 캐피탈 이자 비교

캐피탈 할부 이자	1,156,250원
은행 할부 이자	925,000원
차액	231,250원

동차 할부의 경우 중도상환을 하면 잔존기간에 비례해 1.5%의 수수료를 부과한다. 가령 36개월 할부에서 1,000만 원을 12개월 후 중도상환한다고 하면 남은 기간이 24개월로 전체 대출기간의 2/3이므로 1,000만 원×1.5%×2/3=10만 원의 수수료만 내면 된다.

그렇다면 대출금액 1,500만 원, 할부기간 36개월로 한 후 12개월 후에 남은 대출 원금을 모두 갚는다고 하면 총 이자와 수수료는 얼마나 될까? 중도상환의 일부 금액에 대한 수수료 면제는 없다고 가정하겠다.

32만 원 가까이 차이가 난다. 따라서 중도상환 수수료를 내더라도 중도에 남은 원금을 모두, 또는 일부라도 상환하는 것이 대출 이자총액을 줄일 수 있는 방법이다.

12개월 후 중도상환 시 이자와 수수료 합계

12개월간 이자총액	508,333원
12개월 후 중도상환 시 수수료	9,999,996원(12개월 후 남은 대출 원금)×1.5%×2/3 = 99,999원
합계(이자+수수료)	608,332원

12개월 뒤 중도상환 시와 중도상환이 없을 경우 이자와 수수료 합계 차액

	합계(이자+수수료)
12개월만 이자를 내고 12개월 뒤 중도상환	608,332원
36개월간 이자를 모두 지불	925,000원
차액	316,668원

그리고 모 은행의 자동차 할부 상품의 경우 할부금을 카드 일시불로 결제할 경우 할부원금에 대해 1~1.5%를 고객에게 되돌려주는 캐시백(CashBack) 혜택도 있다. 할부금액만큼 카드의 한도를 일시적으로 늘린 후 일시불로 결제하는 방식이다. 2015년 10월 기준으로 위처럼 1,500만 원을 일시에 결제해서 자동차 회사에 입금할 경우, 1.2%의 캐시백이 적용돼 18만 원을 은행으로부터 받을 수 있어 여러 모로 이득이다.

그러나 수입 신차의 경우 자사 캐피탈을 쓰면 할인을 꽤 많이 해주기 때문에 수입차 캐피탈의 할부상품과 제1금융권 할부상품의 조건을 비교해본 후 결정하는 것이 좋다. 가장 좋은 것은 국내 할부상품을 쓰면서 영업사원에게 수입차의 할인폭도 어느 정도 유지해달라고 하는 것이다.

이는 중고차의 경우도 마찬가지다. 모 은행의 중고차 대출 상품의 연 금리는 2015년 10월 기준 최저 4.05%다. 반면 캐피탈사의 중고차 할부 상품의 금리는 7%를 상회한다. 어떤 상품이 고객에게 더 이득인지는 바로 판명 난다.

Key Point

- 신차든 중고차든 제1금융권 할부상품이 고객에게 유리하다.
- 일반 대출처럼 1~2년 후 목돈이 있으면 일부 또는 전체를 중도상환하는 것이 유리하다.
- 자동차 할부에 대해서도 금리인하 요구권 신청이 가능하다.

우리가 잘 모르는 금융상품별 세금

금융상품 투자자들이 가장 많이 혼동하는 부분이 있다. 바로 수수료와 세금의 차이이다. 수수료는 상품 가입·유지 시 금융사에서 떼어가는 돈이고, 세금은 차익 발생 시 국가에서 징수하는 돈이다. 만약 투자금에 대해 손실을 입을 경우 세금은 징수되지 않지만 수수료는 꼬박꼬박 빠져나간다.

2015년까지 출시된 해외주식형펀드를 예로 들면, A클래스에 투자할 경우 선취수수료로 보통 1%를 떼고, 선취 후 남은 적립금에 대해 매년 1.5~2%의 보수를 또 뗀다. 만약 1,000만 원을 투자할 경우 990만 원이 투자원금이 되며, 연간 총보수가 연 1.5%이고 수익률이 0%였다고 가정한다면 1년 뒤의 평가금액은 975만 1,500원이 된다. 만약 차익이 발생했다면 환매 시 그 차익의 15.4%를 세금(배당소득세)으로 내야 한다. 반면 국내주식형펀드는 해외주식형 대비 수수료가 싸고, 매매차익에 대한 세금도 없어 비용적인 측면에서는 유리하다. 단, 2016년에 출시된 해외주식투자전용펀드는 매매차익과 환차익에 대해 비과세된다.

펀드의 A클래스는 선취수수료를 떼기 때문에 단기투자 시에는 선취수수료가 없는 C클래스가 유리하다. 반면 A클래스는 연간 총보수가 적기 때문에 중장기 투자할 때는 더 유리할 수 있다.

자산가들의 경우 금융투자 시 금융소득종합과세에 늘 주의해야 한다. 매년 이자소득세, 배당소득세 등의 금융수익이 2,000만 원을 넘을 경우 초과분을 종합소득에 합산하여 종합소득세율을 적용하기 때문에 자칫 적지 않은 세금을 추가로 부담해야 할 수도 있다. 이런 금융소득종합과세를 줄일 수 있는 가장 보편적인 방법은 비과세상품과 분리과세상품에 가입하는 것이다. 비과세상품은 차익에 대해 세금을 내지 않는 상품으로, 여러 가지 상품이 있지만 이중에서 일시납 저축보험을 추천한다. 최대 2억 원까지 10년을 유지해야 비과세 혜택이 주어진다.

분리과세는 특정소득을 종합과세와 분리해서 소득 지급 시 원천징수세율을 적용하는 것을 말한다. 만약 원천징수세율이 9%라고 할 경우 차익이 발생하면 차액에 대해 9%만 떼고 끝나며, 이 차익이 금융소득종합과세에 합산되지 않기 때문에 추가 세금에 대한 부담이 없다. 대표적인 상품으로는 분리과세하이일드펀드, 물가연동국채 등이 있다.

각 상품별 매매차익에 대한 세금

상품	세금 항목	세율	비고
정기적금 · 예금	이자소득세	15.4%	
국내주식	비과세	–	
해외주식	양도소득세	22%	연간 매매차익 250만 원 초과분에 대해 22% 징수
국내주식형펀드	비과세	–	
국내채권형펀드	배당소득세	15.4%	개인의 개별 채권 거래는 비과세
해외주식형펀드	배당소득세	15.4%	2016년 2월 이전 출시의 경우
해외채권형펀드	배당소득세	15.4%	
해외주식투자전용펀드	비과세	–	2016년 2월 출시
국내 ETF	비과세	–	주식형의 경우
해외 ETF	배당소득세	15.4%	
ELS	배당소득세	15.4%	
장외주식(대기업)	양도소득세	22%	연간 매매차익 250만 원까지는 면제
장외주식(중소기업)	양도소득세	11%	연간 매매차익 250만 원까지는 면제
골드뱅킹	배당소득세	15.4%	
저축성 보험(10년 내 해지 시)	이자소득세	15.4%	

ELS나 예금, 골드뱅킹 등 금융상품의 만기를 분산하면서 금융소득을 줄일 수 있다. 또한 금융상품의 명의를 배우자나 자녀에게 분산하는 것도 금융소득을 줄일 수 있는 좋은 대안이다.

해외주식의 경우 연간 차익 250만 원까지는 양도소득세를 물지 않고, 국내 장외주식의 경우도 250만 원 초과분에 대해서 중소기업은 11%, 대기업은 22%의 양도소득세를 부과한다. 따라서 여러 종목에 투자해 차익이 250만 원을 넘었는데 양도소득세를 피하고 싶다면 250만 원 이하의 차익을 낸 종목만 매도하는 식으로 매도시기를 분산하면 양도소득세를 줄일 수 있다. 한 종목에 투자해서 차익이 250만 원을 넘었다면 차익이 250만 원을 넘지 않게 부분매도 하는 것도 세금을 줄일 수 있는 방법이다.

Key Point

- 수수료는 금융사에 내는 돈이고 세금은 국가에 내는 돈이다.
- 상품 가입 시에는 수수료가 중요하며, 매도 시에는 매매차익에 대한 세금을 알아둘 필요가 있다.
- 금융소득종합과세자의 경우 추가 세금뿐 아니라 ISA, 크라우드펀딩 가입 등에 제약이 있으므로 적절한 대처가 필요하다.

상여금, 성과급, 급여 인상분 활용법

직장인들과 재무상담을 하는 도중에 종종 받는 질문 중 하나가 정기·비정기 상여금, 연말 성과급(인센티브), 급여 인상분에 대한 활용 방법이다.

이번에는 이 중에서 상여금과 인센티브를 잘 활용해 자산을 늘려가는 방법을 설명해보겠다. 상여금과 성과급은 매월 고정적으로 나오는 급여가 아니기 때문에 잉여수입으로 분류할 수 있다. 이런 잉여수입을 관리하기 위해서는 기본적으로 CMA를 활용하는 것이 좋다. CMA를 이들 자금을 저축하기 위한 기본통장으로 삼아 다음과 같이 활용하는 것이 바람직하다.

비상금으로 활용

상여금과 성과급이 나오는 대로 CMA에 쌓아둔 후 병원비, 여행자금, 경조사비 등의 비상금으로 활용하는 것이다. 상여금과 성과급의 규모가 크지 않을 경우에 추천한다.

월 급여가 300만 원인 사람이 현재 비상금 500만 원을 보유하고 있다고 가정하자. 이때 적절한 비상금의 규모는 월 급여의 세 배 정도다. 그러므로 상여금이나 성과급 중 400만 원을 넘어서는 돈은 저축을 함으로써 자산을 불려나가는 것이 좋다. 이 사람의 경우 아직 어디에 투자해야 할지 결정이 안 섰다면 CMA에 계속 쌓아가면서 900~1,000만 원은 비상금으로 활용하고, 나머지 자금은 투자를 위한 예비자금으로 삼아도 된다.

추가 저축 재원으로 활용

앞서 설명한 대로 적정 비상금 규모를 넘어서는 금액은 기존의 적립식 포트폴리오에 추가해서 저축 포트폴리오를 짤 수 있다. 앞의 사례를 예로 들어보자. 상여금과 성과급의 합산이 1,000만 원이라고 하면, 그 중 400만 원은 기존 비상금에 합치고 나머지 600만 원은 매월 50만 원씩 저축하는 식의 포트폴리오를 짤 수 있다. 기존 적립식 포트폴리오에는 없었던 적금과 펀드에 매월 30만 원, 20만 원씩 불입하는 식이다.

기존 상품에 추가 납입

기존에 적립식펀드와 저축성 보험 등에 가입돼 있다면 이들 상품에 추가 납입을 하는 방식이다. 펀드에 추가 납입할 때는 향후 전망이 좋은 펀드에 할 것을 권한다.

추가 납입 방법에는 적립식 상품에 대한 납입과 거치식 상품에 대한 납입의 두 가지가 있다. 먼저 적립식 상품에 대한 추가 납입은 주로 적립식펀드와 저축성 보험에 해당한다. 앞의 예처럼 두 가지 상품에 매월 고정액을 추가 납입하는 정기 추가 납입과 필요할 때마다 수시로 추가하는 수시 추가 납입이 있다. 하지만 후자의 경우 종종 잊어버리거나 매월 추가 납입을 하는 것이 번거로울 수 있다. 따라서 정기 추가 납입을 권장한다.

거치식 상품에 대한 추가 납입은 상여금·성과급을 차곡차곡 쌓은 후 기존에 투자했던 상품 중 향후 전망이 좋은 주식, 펀드, ETF 등을 추가 매수하는 것을 말한다. 기존에는 주로 저축으로 모은 목돈을 거치식으로 재투자했다면 상여금이나 성과급으로 쌓인 목돈도 잘 활용해 또 하나의 거치식 투자를 병행하면서 자산을 적극적으로 증식할 수 있다.

신규 상품 가입

이런 돈을 모았다가 주식이나 펀드, ETF, ELS, 예금 등의 상품에 거치식으로 투자해도 된다.

여러 방법 병행

앞의 방법들을 병행하는 방식이다. 일부는 저축 재원으로 활용하고, 일부는 거치식으로 기존 주식에 추가 투자할 수도 있다. 이밖에 고정급 외에 들어오는 비정기적 수입들의 중요성도 결코 간과해서는 안 된다. 이런 추가 수입은 자산 증대를 위한 좋은 씨앗이 될 수 있기 때문이다.

Key Point

- 상여금, 성과급만 잘 활용해도 자산이 풍성해진다.
- 상여금, 성과급을 관리할 별도의 CMA를 만들자.
- 잉여수입을 기존 상품에 추가 납입하는 것이 기존 상품을 잘 살리는 방법이다.

기존 가입상품 유동성 확보하기

재테크의 3대 기본 원칙은 안정성, 수익성, 유동성이다. 안정성이나 수익성도 중요하지만 오랫동안 묶여서 돈이 필요할 때 쓸 수 없다면 자금 융통에 큰 문제가 발생한다. 따라서 재테크에서는 유동성도 꼭 고려해야 한다.

유동성은 자산에서 당장 필요로 할 때 빠르게 현금화할 수 있는 정도를 말하며, 환금성과 비슷한 의미다. 대부분의 투자자금을 주식이나 주식형펀드, ETF 등의 공격적인 상품에 투자했다가 원금 손실을 꽤 본 상황에서 갑자기 돈이 필요하면 중도 매도 시 적지 않은 손실을 감수해야 한다. 예컨대 현재 유동자금은 1,000만 원밖에 없고, 펀드와 주식, ETF, 예금, ELS, 저축성 보험 등에 총 1억 5,000만 원이 골고루 분산투자되어 있다고 하자. 이때 2개월 후에 1억 원짜리 전셋집을 얻고자 한다면 대출을 얻지 않기 위해서는 기존 투자 자산은 살려둔 채 활용해야 한다. 이렇게 각 상품들을 해지 · 매도하지 않고 필요한 만큼 꺼내서 현금화할 수 있는 방법이 있다.

펀드의 경우 부분환매를 통해 평가금액의 일부를 인출할 수 있다. 금액별, 좌수별로 비교적 자유롭게 환매할 수 있다. 단, 원금 손실이 난 상태에서 적립금을 인출하면 그만큼 손실을 보게 되므로 급전이 필요한 경우가 아니라면 신중히 생각하자. 또한 국내주식형펀드는 보통 90일 이내에 환매 수수료를 부과하니, 수익이 났다면 부분 환매는 가능하면 90일 이후에 하는 것이 좋다.

주식과 ETF도 1주 단위로 부분매도가 가능하다. 다만 펀드의 경우처럼 손실이 일어났을 때 부분매도하면 원금에 비례하는 손실을 입고 매도된다.

예 · 적금은 대부분 중도 인출이 불가능하다. 적립돼 있는 금액을 바탕으로 담보 대출이 가능하지만 자신의 현금을 놔두고 이를 담보로 다른 현금을 빌린다는 것이 조금 어색하다. 그런데 일부 예 · 적금의 경우 분할해지 기능을 통해 특정 금액을 찾을 수는 있다. 만약 유동성까지 갖춘 예 · 적금을 원한다면 분할해지 기능이 있는 상품을 찾아서 가입하면 된다. 주택청약종합저축의 경우도 예 · 적금처럼 적립금을 담보로 대출을 받아야만 유동자금을 확보할 수 있다.

ELS도 부분환매가 가능하지만 손실 났을 경우 손실을 감수하면서 환매해야 하며, 여기에 환매수수료까지 내야 한다. 이익이 났을 때 환매하면 차익에 대한 이자소득세와 환매수수료가 부과되기 때문에 별로 남는 것이 없다. 따라서 ELS는 가능하면 만기나 중도상환 때까지 보유하는 것이 좋다.

저축성 보험(변액보험, 연금보험, 저축보험 등)은 중도 인출 기능을 통해 유동자금을 가져올 수 있다. 상품마다 다르지만 보통 1~2일 정도가 지나야 그다음 차수의 인출이 가능하다. 중도 인출 시 수수료가 부과되는데 비싸야 약 2,000원 정도이며, 최근에는 연 4회까지 중도 인출 수수료를 무료로 해주는 상품들도 많이 출시됐다. 중도 인출 외에도 보험을 활용한 약관 대출로도 자금 확보가 가능하다. 이렇듯 기존 상품에서 유동자금을 확보할 수 있는 방법들을 활용해서 1억 원을 인출해 전셋집을 얻으면 된다.

부동산은 상품 내에서 자금을 확보할 수 있는 방법은 특별히 없다. 수익형부동산에서 나오는 월세가 유동자금의 전부인 정도다. 하지만 부동산을 담보로 해서 담보 대출을 받을 수는 있다.

기존 상품을 활용해서 자금을 인출하는 것은 기존 포트폴리오를 크게 리모델링하지 않은 채 이벤트 자금을 확보할 수 있는 방법이다. 이렇듯 보통예금통장이나 CMA에 예치돼 있는 돈 외에도 가입돼 있는 상품을 통해서 해지나 매도를 하지 않고서도 유동자금 확보가 가능하니 본인의 자산관리에 참고해두자.

Key Point

- 상품 가입 시에는 유동성도 고려해보자.
- 유동자금 필요 시 바로 매도하지 말고 상품별 유동자금 확보 방법을 알아보자.
- ELS는 가급적 만기나 중도상환될 때까지 보유하자.

5장

당신을 위한 맞춤형 재테크 리모델링

맞춤형 재테크 리모델링 5단계

이번 장에서는 고객들을 대상으로 실제로 재무상담을 진행했던 사례들을 소개한다. 사례들을 잘 읽어본 후 자신에게 맞는 포트폴리오를 스스로 써보기 바란다. 각 사례별 맞춤형 재테크 리모델링의 순서는 아래와 같다. 각 사례를 참고하기 위해서 알아두어야 할 사항도 함께 적어두었다. 다만 이 사항들은 본인의 재무현황에 대한 전반적인 포트폴리오를 작성할 때의 참고 사항이다. 좀 더 정확히 말해 현재의 재무상황에 대한 진단, 가입상품에 대한 분석, 재무상황과 상품의 변경, 새로운 포트폴리오의 설계와 실행 등의 단계를 차근차근 밟아갈 때 참고할 사항들이다. 만약 투자 상품에 대한 분석, 가입한 보험에 대한 진단 등 기존 가입상품에 대한 분석과 변경만을 한다면 이 순서를 모두 밟지 않아도 된다.

재무현황 파악

현재 자산과 상품들에 대해 40페이지에 수록된 자산현황표에 작성해본다. 또한 월 급여와 저축, 지출 현황에 대해서도 41페이지의 현금유출입 현황 표에 꼼꼼히 작성해보자.

재무목표 도출

재테크를 위해 가장 중요한 부분이다. 어떤 설계와 포트폴리오든 자신의 인생목표, 즉 재무목표에 부합해야 한다. 자녀 교육자금, 노후자금 마련 등의 중장기 목표도 좋고, 월 지출 줄이기, 보험료 줄이기 등의 현실적인 목표도 좋다. 향후의 보람찬 인생을 위해 비교적 현실적인 목표를 세워보고, 여러 재무적인 목표도 같이 도출해보자.

투자성향 파악

원금 손실을 어느 정도 감내할 수 있는지 곰곰이 생각해보자. 원금 손실에 대한 감내 정도에 따라 투자성향은 안정형, 안정추구형, 위험중립형, 적극투자형, 공격투자형으로 나뉜다.

리모델링

현재의 재무상황과 재무목표, 그리고 투자성향에 어울리지 않는 상품이 있다면 과감히 정리하거나 감액을 해서 자신의 목표와 성향에 맞는 상품으로 갈아타는 것이 좋다. 물론 목표와 성향에 맞거나 그 상품이 꽤 경쟁력 있는 것이라면 유지하자. 스스로 판단하기 힘들면 전문가에게 자문을 구해도 좋다.

새로운 포트폴리오 설계, 실행, 관리

리모델링을 통해 선별한 새롭게 갈아탈 상품들로 이루어진 포트폴리오가 필요하다. 동시에 현재 자산에서 투자대기자금, 월 급여에서 저축과 지출을 뺀 잉여자금들을 새롭게 투자하기 위한 새로운 포트폴리오가 필요하다. 리모델링으로 생긴 여유자금과 현재의 투자대기자금을 합한 자금을 위한 포트폴리오, 그리고 기존의 상품 포트폴리오를 융합해 새로운 포트폴리오를 짜서 실행하면 된다. 또한 본인의 포트폴리오가 수익을 잘 내고 있는지 정기적으로 관리할 필요가 있다. 사후관리를 통해서도 지속적인 리모델링을 할 수 있다.

한 가지 주지할 사항이 있다면, 이번 장의 각 사례에서는 목돈이나 월 불입액에 대해 수년간 연평균 특정수익률이 나온다고 가정했다. 따라서 수년 후 불어난 목돈에 대해서는 세전 원리금을 적용하고자 한다. 예를 들어 1억 원을 주식, 채권혼합형펀드, 예금, ETF 등에 투자해서 5년 동안 연평균 7%의 수익이 난다고 가정하면 5년 후 1억 원은 1억 4,025만 5,173원이 된다. 실제 수령하는 돈은 이 불어난 돈에서 채권혼합형펀드와 예금의 매매차익에 대한 세금을 제외한 돈이지만, 계산의 편의를 위해 세전 원리금으로 가정하였다.

4년 후 아파트를 마련하고 싶어요

상담 의뢰 내용

경기도 수원에 사는 30대 초중반의 맞벌이 부부다. 자녀는 생후 23개월 된 아들이 한 명 있으며, 둘째 계획은 없다. 월 급여는 남편 340만 원, 아내 270만 원이다. 자녀 보육비 등 모든 월 지출을 합산하면 약 340만 원이다. 현재는 1억 7,000만 원짜리 전셋집에서 살고 있지만 4년 후에는 집을 마련하고 싶고, 대출 없이 3억 3,000만 원짜리 아파트를 사고 싶다. 현재 모아놓은 자산은 전세보증금을 포함해 2억 1,000만 원이다. 자산내역에서 장기상품인 보험은 배제했다.

현재 금융자산 4,000만 원에 대해 남편과 아내가 각각 주식과 예금에 2,000만 원씩 굴리고 있는데 성과가 썩 마음에 들지 않는다. 공격투자형인 남편이 하는 주식은 주로 손실이 나고 있는데, 1년 전

2,500만 원으로 시작한 투자금이 현재 2,000만 원으로 줄었다. 안정형인 아내가 맡긴 예금은 안전하기는 하지만 연 금리가 3.2%에 불과해 조금은 허전하다. 그리고 월 급여에서 지출을 제외한 잉여자금 270만 원 중에서 200만 원은 적금에, 43만 원을 보험에 불입 중이다. 200만 원을 모두 적금에만 불입하는 것이 좋은 것인지 모르겠다.

보험 중에는 남편이 가입한 CI보험이 있는데 보험료도 월 14만 5,000원으로 비싼 데다 보장내역도 그다지 좋은지 모르겠다. 남편은 클라이언트와 전화나 회의를 하는 일이 많아 목이 늘 불편한 편이고, 운동이나 등산 등 외부 활동을 좋아해 늘 상해가 걱정되는데 CI보험이 이들을 잘 보장해줄지 궁금하다.

자산·투자 현황

월 급여	610만 원(남편 340만 원, 아내 270만 원)
현 자산	총 2억 1,000만 원(전세보증금 1억 7,000만 원, 금융자산 4,000만 원)
재무목표(순위별 나열)	4년 후 아파트 구입(목표가: 3억 3,000만 원), 보험 등 금융상품 리모델링
투자성향	남편: 공격투자형, 아내: 안정추구형

현재 투자 포트폴리오

거치식	주식(여러 종목)	2,000만 원
	정기예금	2,000만 원
적립식	정기적금	200만 원

맞춤형 리모델링 포트폴리오

내 집 마련을 위한 목돈 마련과 목돈 굴리기 방법에 대해 가장 궁금해하고 있다. 그런데 남편과 아내는 목돈을 굴리는 방식이 극단적이다. 남편은 고위험 · 고수익인 주식에 여유자금의 절반을, 아내는 저수익 상품에 나머지 절반을 불입하여 운용 중이다. 남편이 주식에 일가견이 있다면 모르겠으나 이미 1년간 원금 500만 원을 날린 상태다. 또 여유자금의 절반을 고위험 상품에 계속 묵혀두는 것은 재무목표 달성에 제약이 될 수 있다. 아내도 예금 수익률에 만족을 못 느끼고 있다. 또한 목돈 마련을 위한 수단으로 적금만 활용하고 있다. 이에 대한 리모델링이 필요하다.

주식으로 인한 원금 손실 우려를 줄이고 예금의 저수익을 만회하기 위해 중위험 · 중수익 투자를 권한다. 관련 상품으로는 채권형펀드, 채권혼합형펀드, 지수형 ELS 등을 추천한다. 각각 기대수익률이 4~5%, 6~7%, 7~8% 정도다. 예금과 주식에 있던 4,000만 원을 정리한 후 이들 상품에 분산해서 투자해 연평균 6%의 수익이 난다고 하면 4년 후에는 약 5,050만 원으로 불어난다.

매월 불입하는 200만 원은 적금, 위험중립형 펀드, 적극 · 공격투자형 상품에 1:1:1의 비율로 분산투자할 것을 권한다. 적금 70만 원, 채권혼합형펀드 70만 원, 가치주펀드와 중국펀드 60만 원으로 목돈 마련 포트폴리오를 재편해보자. 이렇게 재편된 적립식 포트폴리오에서 연 6%의 수익이 난다면 4년 후 약 1억 776만 원의 목돈이 마련된다. 전세보증금 1억 7,000만 원, 4,000만 원을 4년간 불린 돈 5,050만 원,

매월 저축으로 모은 1억 776만 원을 합산하면 약 3억 2,826만 원이 된다. 부족분은 4년간 늘어나는 급여에서 추가 저축을 하면서 충당하면 된다. 급여 상승 시 그 절반은 저축하고, 성과급도 기존 상품에 추가 납입하자.

CI보험은 사망보험금과 3대 질병, 수술·입원, 상해 등에 대해 보장을 한다. 하지만 사망보험금에 대한 보험료 비중이 높은 데다 뇌와 심장 쪽 보험금을 받기도 어렵다. 뿐만 아니라 통원치료 시 발생하는 작은 병원비를 보장받기가 실손보험보다 훨씬 어렵다. 또한 입원일당도 4일째부터 나온다. 과거 5년 동안 특별한 치료력이 없었다면 실손보험으로 갈아타길 권한다. 손해보험사의 보장성보험을 추천하며, 기본적인 실손담보에 암·뇌·심장 관련 진단비, 입원일당(1일째부터) 등을 넣어 10만 원 이하로 가져갈 것을 권한다.

사후관리

4,000만 원을 세 가지 상품에 넣어 굴렸더니 1년간 6.7%의 수익이 나왔다. 기대했던 대로였다. 그러다 1년 후인 2012년 초반 모 자산운용사에서 중국소비테마 ETF를 출시했다. 전 세계 최대 소비시장인 중국에서 사업을 영위하면서 수익을 내는 한국기업들에 투자하는 상품이다. 향후 중국 소비시장의 폭발적인 상승을 예상하며 주식이 아닌 이 간접투자 상품에 1,000만 원을 투자할 것을 권했다. 이 ETF는 투자 후 2년간 약 50%에 가까운 수익을 내면서 의뢰자의 자산 증대에 이바지했다. 그러다 2014년초 ETF에 투자한 자금(1,500만

맞춤형 포트폴리오

거치식	채권형펀드	1,500만 원
	채권혼합형펀드	1,500만 원
	지수형 ELS	1,000만 원
적립식	정기적금	70만 원
	채권혼합형펀드	70만 원
	가치주펀드	30만 원
	중국펀드	30만 원

원)의 절반을 모 화장품 주식에 투자하라고 했다. 중국 시장의 확대, 미용에 대한 관심 증대, 한류 등으로 국산 화장품에 대한 수요가 늘어날 것이라는 기대감으로 이 종목을 추천했다. 이후 이 종목은 의뢰자가 아파트를 산 2015년 초반까지 약 100% 상승했고, 이에 투자한 자금도 이만큼 불어났다.

재무상담을 받은 뒤 부부 모두 매년 10~15만 원 정도 급여가 올랐고, 인센티브도 매년 합산 500~600만 원 정도를 수령했다. 오른 급여의 절반은 무조건 저축한다는 원칙을 세우면서 매년 합산 10~15만 원을 저축했고, 인센티브의 일부도 기존에 투자했던 채권혼합형펀드에 추가 납입하게 했다.

그리고 2년 후인 2013년 집 주인이 전세금을 1,000만 원 올려서 채권형펀드에서 1,000만 원을 부분환매해 집주인에게 건넸다.

목표 달성

2011년 내가 추천했던 채권형펀드와 채권혼합형펀드는 2015년까지 4년간 각각 약 20%, 35%의 누적수익률을 기록했다. 지수형 ELS는 중도상환을 반복하면서 4년간 대략 20%의 누적수익률을 보였다. 2012년에 투자에 들어간 중국소비테마 ETF도 3년간 72% 상승했고, 2014년 초반에 투자한 화장품 주식은 1년간 거의 100% 올랐다. 4,000만 원을 여러 상품에 분산하고 중간에 적절히 유망한 상품으로 갈아탔더니 4년 후에 약 5,500만 원(2013년 지불한 추가 전세보증금 포함)으로 불어난 것이다. 인센티브의 투자분까지 합하면 약 6,000만 원으로 불어났다.

매월 200만 원씩 분산투자한 것도 연평균 5.7%의 수익을 보이면서 자산 규모의 견조한 상승에 일조했다. 특히 중국펀드는 2014년 중반까지 두각을 나타내지 못하다가 후강통이 시행되던 2014년 말부터 급상승하면서 전체 평균 수익률을 끌어올렸다. 4년간 모인 목돈은 약 1억 717만 원이며, 급여 인상분의 저축금액까지 합산하면 약 1억 1,300만 원에 달한다. 결과적으로 의뢰자의 재산은 4년 후인 2015년 다음과 같이 불어났다.

이 중에서 목표했던 3억 3,000만 원짜리 아파트를 매입하고, 취등록세와 중개수수료, 가구 구입비를 포함하여 1,000만 원을 쓰고, 남는 300만 원은 비상금으로 쓰기로 했다.

보장성보험에 대한 리모델링도 효과가 있었다. 남편은 업무 때 말

리모델링 실행 결과

전세보증금	1억 7,000만 원(2011년 시점)
저축	1억 1,300만 원
목돈 4,000만 원과 인센티브를 활용해 굴린 돈	6,000만 원(2013년 추가 지불한 전세보증금 1,000만 원 포함)
합계	3억 4,300만 원

을 많이 해야 해서 늘 목이 아팠다. 2013년에는 겨울 추위에 목감기가 심하게 온 데다 후두염까지 걸리면서 한 달 내내 통원 치료를 해야 했다. 2014년 봄에는 친구와 등산을 하다가 발을 심하게 접질리면서 깁스를 해 3일간 병원에 누워 있기도 했다. CI보험이라면 후두염 통원 치료 보험금도 못 받고, 4일째부터 입원일당을 지급하기 때문에 3일간의 입원일당도 못 받았을 것이다. 그러나 그는 실손보험으로 통원치료 비용과 입원일당을 모두 받을 수 있었다.

2년 안에 결혼자금을 모으고 싶어요

상담 의뢰 내용

대기업에 근무하는 30대 초반 여성이다. 대기업에 다녀서 급여는 높은 편이었지만 그동안 너무 쓰기만 했다. 이제부터 본격적으로 저축을 해서 결혼자금을 모으려고 한다. 2년 후 결혼할 계획이며, 그동안 약 3,500만 원을 더 모으고 싶다. 현재의 포트폴리오가 내 재무

자산·투자 현황

월 급여	300만 원
현 자산	1,079만 원(CMA)
재무목표(순위별 나열)	2년 후 결혼자금 3,500만 원 마련, 여유 있는 노후자금 마련, 안정적인 자산 불리기
투자성향	안정추구형

현재 월별 현금흐름

수입		지출	
항목	금액	항목	금액
급여	300만 원	생활비, 기타	133만 원
		정기적금	30만 원
		중소형펀드	30만 원
		원자재펀드	30만 원
		실손의료보험	7만 원
		변액유니버셜보험	50만 원
		연금저축보험	20만 원
합계	300만 원	합계	300만 원

목표에 어울리는지 모르겠다. 또한 큰 금액은 아니지만 미리 노후 대비를 하기 위해 연금보험에 가입했는데 잘한 것인지 점검 받고 싶다. 이외에 개선 의견은 없는지 듣고 싶다.

맞춤형 리모델링 포인트 ① 변액유니버셜보험 납입액 감액

이 고객의 가장 큰 재무목표는 2년 후 결혼자금 3,500만 원 마련이다. 이를 위한 저축금액은 실손보험과 연금저축보험을 제외하면 140만 원으로, 원금만 해도 2년 후 3,360만 원으로 3,500만 원에 가깝기에 알맞게 저축하고 있다고 할 수 있다. 저축 비중도 권장치인 월 급여의 50%를 넘어 53%다. 하지만 변액유니버셜보험에 많은 돈을 내고 있다는 점이 문제다. 변액보험은 가입 목적에 맞고, 추가 납입과 펀드 변경 등의 기능을 제대로만 활용하면 문제는 없다. 하지만 5개월 전에 이 상품에 가입했는데 큰돈을 써야 하는 2년 후, 즉 가입하고 2년 5개월 후에는 초기 사업비로 인해 환급률이 100%를 넘기가 힘든 상품이다. 2년 5개월이면 연 수익률 6.5%로 가정한다 해도 보통 환급률이 80~87% 수준이다.

이런 상품에 적립식 상품 중 가장 많은 금액인 50만 원을 불입하고 있다. 이는 전체 저축금액의 약 36%를 차지한다. 만약 월납 20만 원 이하였다면 그리 큰 문제는 아닐 수도 있다. 이 상품을 제외하면 월 불입액이 90만 원밖에 안 돼 목표 결혼자금 마련에 차질이 생기고, 그렇다고 이 상품을 2년 후 결혼 시 깨자니 손해가 발생된다. 단기 목돈 마련에 변액보험은 어울리지 않는다. 하지만 지금은 2년 후 결혼이라는 목표를 확실히 세웠기 때문에 이 상품은 정리하거나 감액한 후 짧은 기간 동안 안전하게 목돈을 마련할 수 있는 적금으로 갈아타는 것이 맞다.

맞춤형 리모델링 포인트 ② 투자 성향에 포트폴리오 맞추기

이 고객의 투자성향은 안정추구형이지만 위험중립형과 공격투자형 상품의 비중이 상당히 높다. 변액유니버셜보험은 안정추구형인 채권형펀드에서부터 공격투자형인 주식형펀드를 두루 갖추고 있다. 하지만 주식형펀드가 훨씬 더 많은 상품이고, 적립식펀드로 가입한 중소형주펀드와 원자재펀드는 펀드 중에서도 변동성이 높은 공격투자형 상품이다. 이 고객의 성향에 맞는 상품인 적금과 연금저축보험의 월 비중은 저축금액의 31%에 불과하다. 고객이 안전하게 목돈을 마련하는 것이 목표라면 위험중립형 이상의 위험도를 가진 상품을 31% 이하로 하는 것이 맞다. 투자 상품 가입 시 투자성향을 파악하는 과정을 거쳤는지 의아할 정도다.

맞춤형 리모델링 포인트 ③ 부족한 노후자금 준비

현재 가입돼 있는 연금저축보험은 매년 세액공제를 통해 세금 환급 효과가 발생하지만 연금 수령 시에 연금수령세(3.3~5.5%)를 떼는 과세이연 상품이다. 즉, 지금 부과되지 않는 세금이 차후에 부과되는 상품이다. 따라서 한참 돈을 모아야 할 시점에 매년 보너스를 받아 좋지만, 연금을 받을 때 세금을 떼기 때문에 '여유 있는 노후자금 마련'이라는 목적에 아주 부합되는 상품은 아니다. 물론 월 20만 원으로는 어떤 상품도 여유 있는 노후자금을 만들어낼 수는 없긴 하다. 이 경우 세액공제되는 연금보다는 매년 세금을 환급받지 않는다 하더라도 연금을 수령할 때 세금을 떼지 않는 비과세연금이 더 어울린다.

연금저축보험은 가입한 지 1년이 안 됐기 때문에 10만 원으로 감액하고, 변액연금보험에 월납 10만 원으로 가입해보자. 10만 원으로는 노후자금용으로는 부족한 금액이니 추후 월 현금흐름이 좋아지면 20만 원씩 매월 정기 추가 납입하거나 새로운 연금보험을 가입하면 된다. 연금저축보험은 10만 원으로 줄였다가 연말정산 세액공제를 최대한 많이 받고 싶다면 12월에 연간 최대 한도에 부족한 금액을 채워 넣으면 된다. 월납 10만 원이니 12개월간 불입하면 120만

맞춤형 포트폴리오

수입		지출	
급여	300만 원	생활비, 기타	133만 원
		정기적금*	100만 원
		중소형펀드*	20만 원
		원자재펀드*	20만 원
		실손의료보험	7만 원
		변액연금보험*	10만 원
		연금저축보험*	10만 원
		변액유니버셜보험*	0원
합계	300만 원	합계	300만 원

*는 변경된 부분

원이 되고, 세액공제의 최대 한도가 400만 원이므로 12월에 부족분인 280만 원을 일시납으로 내면 되는 것이다.

처방은 다음과 같았다. 2년 후 결혼자금 마련에 걸림돌이 될 수 있는 변액유니버셜보험을 정리하고 절감된 50만 원에 적금을 추가했다. 이렇게 할 경우 전체 저축액 중 단기자금 비중이 87.5%로 올라가 단기 목표를 실행하는 데 도움이 된다. 적립식펀드도 각각 10만 원씩 줄여 적금에 보탰고, 고객 성향에 맞는 안정적 상품의 비중을 68.8%로 높였다. 연금저축보험은 10만 원으로 감액했고, 이렇게 절감된 10만 원으로 비과세변액연금에 신규 가입했다. 그럼으로써 고객의 목표와 성향에 맞는 포트폴리오로 조정했다.

1개월차 신혼부부 재무구조 좀 잡아주세요

상담 의뢰 내용

1개월 전 결혼한 30대 초중반의 신혼부부다. 그동안 각자 돈 관리를 해오다가 다음 달부터 합치려고 하니 어떻게 해야 할지 고민이다. 남편이 곧 승진하면 야근이 많아 돈 관리 쪽에는 전혀 신경을 못 쓸 것으로 보인다. 통장은 어떻게 설계해야 하며, 월 급여에서 잉여자금은 어디에 저축해야 하는지 조언을 들었으면 좋겠다. 자녀는 두 명을 고려 중이며, 1~2년 후부터 아이를 가질 계획이고 2년 후에는 출산휴가를 쓸 계획이다. 포트폴리오 짜는 데 이 부분도 반영됐으면 한다. 사망보험금이 꼭 필요한 것 같지는 않아 종신보험을 어떻게 할지 고민이다.

자산·투자 현황

월 급여	605만 원(남편 380만 원, 아내 225만 원)
현 자산	전세보증금 1억 5,000만 원, 금융자산 1,500만 원
재무목표	4년 후 아파트구입자금 1억 원 마련, 노후자금 마련
투자성향	남편: 위험중립형, 아내: 적극투자형

현재 월별 현금흐름

수입		지출	
급여	605만 원	생활비 등의 소비지출	250만 원
		정기적금(남편)	100만 원
		가치주펀드(남편)	10만 원
		주택청약종합저축(남편)	10만 원
		변액연금보험(남편)	20만 원
		종신보험(남편)	14만 원
		실손의료보험(남편)	9만 원
		정기적금(아내)	30만 원
		성장주펀드(아내)	20만 원
		연금저축보험(아내)	10만 원
		종신보험(아내)	12만 원
		실손의료보험(아내)	8만 원
		암보험(아내)	6만 원
합계	605만 원	합계	499만 원

맞춤형 리모델링 포트폴리오

남편이 곧 바빠지고 아내가 2년 후 아이를 가질 계획이라면 향후 가정의 전반적인 재무관리는 아내가 하는 것이 좋다. 급여는 남편의 용돈을 제외하면 모두 아내의 통장으로 매월 자동이체하자. 그런 후 통장은 다음 네 개로 나누자. 급여통장, 생활비 · 관리비 · 통신비 · 공과금 등과 보장성보험료를 지불하는 통장, 적금이나 적립식펀드 등에 활용할 저축통장, 비상자금을 모아두는 비상금통장(CMA).

기존 가입상품 중 일부는 간단히 변경하자. 아내는 실손보험과 암보험에서 비교적 든든히 보장을 받고 있는 데다 사망보험금에 대한 필요성을 갖고 있지 않다. 보험료 비싼 종신보험은 감액완납해서 보장은 일부 유지한 채 월 12만 원을 절감할 것을 권한다. 감액완납은 현재의 환급금을 활용해 일시납 보험 형식으로 내면서, 향후 추가로 보험료를 내지 않고 남은 기간 동안 보장을 부분적으로 가져가는 기능이다. 보험료를 계속 내는 것에 부담은 느끼지만 보험을 깨기는 아까운 경우에 활용할 수 있는 방법이다.

그리고 만약 새로운 보험에 가입한다면 계약자는 피보험자와 동일하게 하고, 월 보험료만 모두 아내 통장에서 빠져나가게 하자. 계약자가 보험 계약에 대한 모든 권한을 갖고 있기에 계약자를 한쪽으로 몰았다가 혹시라도 이혼을 하게 되면 곤란한 일이 발생될 수 있다. 계약자는 각각 따로 하는 것이 좋다.

이렇게 간단히 리모델링을 하고 기본적인 구조를 짠 후 잉여자금에 대한 추가 저축 계획을 짜면 된다. 기존 저축자금 200만 원 중에서 장기상품인 연금저축보험과 변액연금보험을 제외하면 170만 원이 된다. 여기에 기존 월 잉여자금 106만 원을 더하고 아내 명의의 종신보험의 감액완납으로 절감된 12만 원까지 합산하면 모두 288만 원이 된다. 이 돈이 새로운 재무목표 달성을 위한 재원이 된다.

첫 번째 재무목표는 4년 후 아파트구입자금 1억 원 마련이다. 그런데 이 목표를 달성하는 데는 변수가 따른다. 2년 후 출산휴가로 인한 저축금액의 감소다. 일단 현재 단기간 저축 가능한 금액 288만 원 중에서 8만 원은 예비자금으로 돌리자. 여기에 아내의 노후자금 마련을 위한 연금보험 가입금액 20만 원을 제외한 후 남은 260만 원을 단기 목돈 마련을 위한 저축에 투입하자. 적금과 펀드에 분산투자해서 연 5%의 수익이 난다는 가정하에 2년 후면 약 6,565만 원의 목돈이 생긴다. 2년 후 아내가 출산휴가를 내면 단기 목돈 마련을 위한 저축금액은 대폭 줄어든다. 기존 생활비를 조금 줄여서 100만 원으로 2년간 더 저축한다고 가정하겠다. 이 돈이 다시 적금과 펀드에 분산투자돼서 연 5%의 수익이 난다고 가정하면 2년 후에 2,525만 원의 목돈이 생긴다.

그런데 여기서 간과한 것이 있다. 2년 전 생긴 목돈 6,565만 원에 대한 재투자 수익이다. 이 돈을 예금, 채권혼합형펀드, 가치주펀드 등에 분산해서 2년간 굴려 연 5%의 수익이 난다면 2년 후에는 7,237만 9,125원으로 불어난다. 재투자를 통해 672만 9,125원의 수익이 발생하는 것이다. 이 7,237만 9,125원과 추가로 2년간 저축한 돈 2,525만 원을 더하면 9,762만 9,125원이 되어 목표금액 1억 원에

근접한 돈을 마련할 수 있다. 또 한 가지 간과한 부분은 남편의 급여가 향후 4년간 오를 수 있다는 점이다. 오른 급여를 더 저축하면 목표금액 1억 원에 도달할 수 있다.

두 번째 재무목표는 노후자금 마련이다. 의뢰자가 구체적인 목표 노후자금을 언급하지 않아 일단 남편과 동일한 월납액인 20만 원을 변액연금보험에 가입할 것을 권한다. 그러다가 추후 구체적인 목표 노후자금 금액이 도출되면 이에 맞춰 기존 연금보험에 추가 납입을 하거나 신규 가입을 하면 된다.

2년 후 아내가 출산휴가를 얻으면 남편 급여로만 재정관리를 해야 한다. 수입이 줄어드는 만큼 아내의 연금보험 가입 외에는 중장기 불입하는 상품의 비중은 더 이상 늘리지 말자. 그리고 아내는 두 명의 자녀를 계획 중이니 출산휴가 후에는 연금저축보험에 대한 처방이 필요하다. 적어도 2~3년의 업무 공백이 생기고, 급여가 나오지 않으면 연금저축을 통한 세액공제를 받을 수 없기 때문이다. 만약 해지를 하게 되면 그동안 받았던 세액공제 금액을 모두 토해야 하므로, 5만 원으로 감액하거나 납입 유연성이 있는 연금저축펀드로 갈아타길 권한다. 그러다가 추후에 복직하게 되면 추가 납입으로 세액공제 혜택을 계속 이어가면 된다.

맞춤형 포트폴리오

수입		지출	
급여	605만 원	생활비 등의 소비지출	250만 원
		정기적금(남편)	100만 원
		가치주펀드(남편)	10만 원
		주택청약종합저축(남편)	10만 원
		변액연금보험(남편)	20만 원
		종신보험(남편)	14만 원
		실손의료보험(남편)	9만 원
		정기적금(아내)	30만 원
		성장주펀드(아내)	20만 원
		연금저축보험(아내)	10만 원
		실손의료보험(아내)	8만 원
		암보험(아내)	6만 원
		채권혼합형펀드(남편)*	50만 원
		가치주펀드(아내)*	40만 원
		변액연금보험(아내)*	20만 원
		종신보험(아내)*	0원
합계	605만 원	합계	597만 원

*는 변경된 부분

월급이 310만 원인데 돈이 안 모여요

상담 의뢰 내용

2년 후쯤 결혼 계획을 갖고 있는 30대 초반의 미혼 남성이다. 급여도 310만 원으로 적은 편이 아닌 데다 차도 갖고 있지 않은데도 돈이 잘 모이지 않는다. 결혼을 생각하는 여자 친구가 있는데 데이트 비용을 3:1 비율로 내가 더 내는 것 같다. 프랜차이즈 커피숍에서 매일 커피 한 잔을 마시고, 담배도 매일 한 갑씩 피우고 있다. 포인트 적립을 위해 지출은 대부분 신용카드로 하고 있다. 부모님이 결혼 때 전셋집은 구해준다고 하셔서인지 너무 안일하게 사는 것 같다. 적금은 올해부터 시작했다. 현재 마이너스 대출도 500만 원가량 있다. 어떻게 하면 소비를 줄이고 돈을 잘 모을 수 있을까.

현재 월별 현금흐름

수입		지출	
급여	310만 원	월세	60만 원
		관리비	11만 원
		통신비, 교통비	18만 원
		데이트 비용	75만 원
		커피 값	13만 5,000원
		담뱃값	13만 5,000원
		자기계발비	8만 원
		부모님 용돈	20만 원
		보장성보험	14만 3,000원
		기타비용(식비, 의류비, 경조사비 등)	35만 원
		적금	40만 원
합계	310만 원	합계	308만 3,000원

맞춤형 리모델링 포트폴리오

의뢰인의 월 급여 대비 지출 비중은 꽤 높은 편이다. 결혼 시 전셋집을 부모님이 지원해주는 사람은 직접 준비해야 하는 사람에 비해 상대적으로 지출이 많은 편이긴 하다. 하지만 지금처럼 지출이 높으면 수년 후 내 집을 사거나 전세비 인상분을 마련하는 등 인생의 다른 이벤트에 맞춰 목돈을 마련하기가 힘들다. 따라서 지출을 줄이고 저축금액을 늘려야 한다. 이 경우에는 다음처럼 지출을 줄여나가길 권장한다.

먼저 오피스텔은 월세를 낮출 수 있는 곳으로 이전하자. 평수가 조금 작아지더라도 월세 45만 원에 입주 가능한 곳을 찾아보자. 이 경우 관리비도 같이 절감된다. 커피도 하루 한 잔에서 이틀 한 잔으로 줄이고, 담배도 하루 15개비, 10개비로 줄여나가는 것이 좋다. 커피숍 커피와 담배를 절반으로 줄이면 매월 약 13만 5,000원이 절감된다. 이를 연 금리 2.5%짜리 적금에 불입하면 1년 뒤 약 160만 원의 목돈을 얻을 수 있다. 담배연기와 함께 날아가는 돈만 잡아도 쏠쏠한 목돈이 생기는 것이다.

데이트 비용도 만만치 않으므로 여자 친구와 함께 데이트 통장을 만드는 것도 고려하면 어떨까. 그리고 현재 3:1의 데이트 비용 지출을 6:4로 조정해서 매월 의뢰인은 60만 원, 여자 친구는 40만 원을 데이트 통장에 입금할 것을 조심스럽게 제안해보자. 만약 한 달간 데이트 통장 사용 후 20만 원이 남았다면 다음 달에는 둘이 합산해서 80만 원만 채워 넣도록 하자. 이렇게만 해도 약 43만 5,000원을 절약할 수 있다. 이렇게 절약된 돈은 CMA에 쌓아두면 써버릴 수가 있으므로 적금이나 적립식펀드에 불입하는 것이 좋다.

그리고 현재 의뢰인이 사용하고 있는 마이너스 통장은 시중은행의 신용대출보다 금리가 보통 0.5~2% 높은 데다 이자에 대해 복리가 적용된다. 될 수 있는 한 빨리 갚는 것이 좋다. 1년 만기 적금의 만기 금액이나 절감된 43만 5,000원을 저축하여 생긴 목돈으로 갚을 것을 권장한다.

이런 세부 지출항목의 절감 외에 추천하고 싶은 방법은 소비 형태와 생활 습관의 개선이다. 먼저 신용카드를 체크카드로 바꾸자. 의뢰인처럼 지출이 많은 사람은 목표 지출금액을 정해서 해당 금액을 체크카드와 연계된 통장에 넣은 후 체크카드로 결제하길 권한다. 의뢰인의 급여가 여자 친구의 급여보다 더 높다면 체크카드의 높은 소득공제(공제율 30%) 혜택을 받기 위해 데이트 통장은 의뢰자 명의로 하는 것을 제안해보자.

최근에는 국내선 동반자 1인 왕복항공권, 면세점 할인, 호텔 레스토랑 및 객실 할인 등의 프리미엄급 서비스를 제공하면서 업그레이드된 체크카드들이 연이어 나오고 있는 추세다. 서비스 면에서 신용카드를 많이 따라왔다. 또한 연소득 25% 이상 사용한 금액에 대해 300만 원 한도 내에서 신용카드 소득공제율은 15%인 반면 체크카드는 30%다. 소득공제율이 두 배이므로 연말정산 때도 이득이다. 단, 신용카드를 없애기 전에 쌓였던 포인트는 꼭 사용하자. 포인트통합조회시스템(www.cardpoint.or.kr)에 접속하면 카드의 잔여 포인트, 소멸 예정 포인트 등을 알 수 있다.

또 가능하다면 매년 정기적으로 '재무 긴축 훈련'을 해보자. 특정한 달을 선정해 평소 지출액의 절반만 쓰는 것이다. 휴직이나 실업을 대비해 최소 비용으로 생활하는 훈련을 미리 해보자는 취지다. 소비를 대폭 줄여보면 정말 필요한 지출이 무엇인지 체감하게 될 것이다. 첫해에는 연 1회만 하다가 매년 1회씩 늘려 연 3회까지 해보자. 단, 명절이나 여름 휴가철, 연말 모임이 많은 12월 등 돈 쓸 일이 많은 기간은 제외하는 것이 좋겠다.

연봉이 높아도 지출 규모가 크면 별 의미 없다. 저축하는 금액, 딱 그만큼이 진짜 연봉인 셈이다. 지출을 줄이고 저축액을 늘리는 사람이 재테크의 진정한 승자다.

맞춤형 포트폴리오

수입		지출	
급여	310만 원	월세*	45만 원
		관리비	11만 원
		통신비, 교통비	18만 원
		데이트 비용*	60만 원
		커피 값*	6만 7,500원
		담뱃값*	6만 7,500원
		자기계발비	8만 원
		부모님 용돈	20만 원
		보장성보험	14만 3,000원
		기타비용(식비, 의류비, 경조사비 등)	35만 원
		적금	40만 원
		신규 적금, 펀드*	43만 5,000원
합계	310만 원	합계	308만 3,000원

*는 변경된 부분

연말정산 때마다 수십만 원씩 토해내요

상담 의뢰 내용

30대 중반의 기혼 남성으로 아직 자녀는 없다. 아버지는 안 계시고, 60세가 넘은 어머니는 지금도 가게를 하면서 생활비를 충당하고 계신다. 자녀가 없어서인지 연말정산 때마다 늘 수십만 원씩 토해낸다. 직장 동료들은 '13월의 보너스'라면서 매년 2월마다 짭짤하게 받아 가는데 나는 뭐가 문제인가. 소비는 주로 신용카드로 하는데 이것이 문제일까. 내 명의의 신용카드와 아내 명의의 신용카드 각각 매월 110만 원, 75만 원을 지출하고 있다. 자녀 계획은 없어 5~10년 내에 크게 돈 나갈 일은 없다. 월 급여는 내가 355만 원, 아내가 240만 원으로 총 595만 원이다. 소득공제를 받을 수 있는 금융상품이 궁금하다. 투자성향은 적극투자형이다.

현재 월별 현금흐름

수입		지출	
급여	595만 원	생활비	115만 원
		신용카드 대금(남편)	110만 원
		신용카드 대금(아내)	75만 원
		정기적금	80만 원
		적립식펀드	120만 원
		공시이율저축보험	40만 원
		실손보험	6만 원
		주택청약종합저축	5만 원
합계	595만 원	합계	551만 원

맞춤형 리모델링 포트폴리오

어머니와 아내가 경제활동을 하고 있는 데다 자녀도 없어 인적공제를 최소한으로 받을 수밖에 없다는 것이 아쉽다. 그러나 금융상품의 가입과 카드의 조정을 통해 향후 13월의 보너스를 받을 여지는 충분하다. 현재 의뢰자와 같은 직장인의 경우 연말정산 때 소득공제와 세액공제를 받을 수 있는 상품은 다음 페이지의 표와 같다.

연금저축은 현재 은행, 증권사, 보험사에서 각각 연금저축신탁, 연금저축펀드, 연금저축보험 형태로 판매되고 있다. 의뢰자의 투자성향은 적극투자형이므로 연금저축펀드를 권한다. 연 급여가 5,500만 원 이하이므로 연 400만 원 납입 시 60만 원의 세금이 절감된다. 한 명만 가입해도 매년 토해내는 금액의 대부분을 메울 수 있다. 자금에

금융상품 소득공제 · 세액공제 현황

분류	연금저축	IRP(퇴직연금계좌)	주택청약종합저축	보장성보험
공제 종류	세액공제	세액공제	소득공제	세액공제
공제율	납입금액의 12% (연 급여 5,500만 원 이하 근로자는 15%)		납입금액의 40%	납입금액의 12%
공제액 한도	400만 원	300만 원, 700만 원	96만 원	100만 원
세금환급 효과	48만 원	36만 원, 84만 원	158,400원 (과세표준 1,200~4,600만 원 적용)	12만 원

여유가 있어 IRP에 연간 300만 원을 더 낼 경우 45만 원의 세금 절감 효과가 추가적으로 발생한다.

보장성보험도 연간 100만 원까지 12%의 세액공제를 받을 수 있다. 현재 실손보험에 연간 72만 원을 내고 있으니 월 3만 원 정도의 보장성보험에 가입하면 한도를 채울 수 있다. 주택청약종합저축은 연간 최대 납입금액 240만 원에 대해 40%를 소득공제해주기 때문에 여력이 된다면 15만 원을 추가 납입하면 된다. 과세표준 1,200~4,600만 원의 근로자인 경우 연 240만 원을 납입하면 15만 8,400원의 세금이 절약된다. 하지만 15만 원을 추가할 경우 월 지출이 수입을 넘기 때문에 5만 원만 추가해보자. 연 한도 600만 원에 대해 40%의 소득공제를 받을 수 있었던 소득공제장기펀드가 2016년부터 신규가입을 받지 않는다는 점이 아쉬운 부분이다.

이외에도 카드의 조정이 필요하다. 소득공제 효과를 극대화하기 위해 둘 모두 남편 명의의 카드를 사용하고, 신용카드는 체크카드로 바꾸자. 아내의 연간 신용카드 사용액은 연 급여의 25%보다 180만 원 높다. 여기에 신용카드 공제율 15%를 적용하면 소득공제 금액은 27만 원에 불과하다. 남편도 같은 방식으로 계산하면 소득공제 금액이 38만 원밖에 되지 않는다. 반면 둘 다 남편 명의의 카드를 사용하면 연 사용액은 1,155만 원으로 늘고, 신용카드 공제율 15%를 적용하면 약 173만 원을 소득공제받는다. 또 신용카드를 체크카드로 바꾸면 소득공제 한도액인 300만 원까지 공제를 받을 수 있다. 이 정도면 적지 않은 세금환급 효과가 생기게 된다.

맞춤형 포트폴리오

수입		지출	
급여	595만 원	생활비	115만 원
		신용카드 대금(남편)	110만 원
		신용카드 대금(아내)	75만 원
		정기적금	80만 원
		적립식펀드	120만 원
		공시이율저축보험	40만 원
		실손보험	6만 원
		질병보험*	3만 원
		주택청약종합저축*	10만 원
		연금저축펀드*	34만 원
합계	595만 원	합계	593만 원

*는 변경된 부분

아는 사람한테 가입한 보험이 5개나 돼요

상담 의뢰 내용

33세 여성으로 현재 월 급여는 265만 원이다. 지금은 건강하지만 추후 많이 나갈지도 모르는 병원비에 대비해 지인 보험설계사로부터 보험을 꽤 많이 들었다. 그 바람에 다소 많은 보험료로 인해 가처분소득이 줄어들었다. 특히 종신보험은 보험료도 비싸고, 사망보험금에 대한 필요성을 느끼지 못해 해약을 고민 중이다. 전반적으로 보험 리모델링을 하고 싶다.

맞춤형 리모델링 포인트 ① 높은 보험료 낮추기

일단 월 보험료가 너무 높다. 보장성보험은 월 급여의 14% 수준인데 권장하는 최대치인 5%를 훨씬 상회한다. 보장성보험료를 적절하

현재 보험 포트폴리오

분류	상품명	월 납입액	보장기간	납입기간	가입 연월	특이사항
보장성보험	ㅇㅇ종신보험	13만 1,630원	종신, 특약: 80세	20년	2013.04	
	ㅇㅇ운전자보험	4만 7,000원	80세	20년	2013.07	적립보험료 2만 3,000원
	ㅇㅇ건강보험	4만 6,200원	70세	전기납	2010.07	5년 갱신형, 갱신으로 보험료 20% 상승
	ㅇㅇ실손의료보험	8만 원	100세	20년	2009.04	
	ㅇㅇ종합보험	7만 3,000원	100세	20년	2012.08	
소계		37만 7,830원				
저축성 보험	ㅇㅇ연금저축보험	20만 원	종신	15년	2012.04	
총계		57만 7,830원				

게 조정하려면 다음 접근방식 중 한 가지를 취하면 된다.

첫째는 급여에 대비한 상대적 비중을 고려하는 것이다. 보장성보험은 미혼의 경우 월 급여의 5% 이내, 자녀가 있는 기혼의 경우 월 급여의 10% 이내가 적당하다. 하지만 이는 어디까지나 상대적인 금액이기 때문에 일종의 참고사항이다. 월 합산급여 1,000만 원 이하의 부부가 이 비율을 맞추기 위해 보장성보험으로 월 100만 원 정도를 내는 건 무리다. 또한 월 급여 150만 원인 근로자가 이 비율을 맞추기 위해 보장성보험에 월 7만 원 이하를 내면 보장이 약할 수 있기 때문이다.

자산이 많은 사람은 '아프면 내 돈 내면 되지'라는 생각에 보장성보험의 필요성을 잘 느끼지 못하는 것이 현실이다. 반면 자산이 적은

꼭 필요한 보험 보장

실손 입원	5,000만 원
실손 통원	30만 원(외래 25만 원, 처방조제 5만 원)
일반암 진단비	5,000만 원
고액암 진단비	1억 원
암수술비	300만 원
항암방사선치료비	300만 원
뇌혈관질환(또는 뇌졸중) 진단비	3,000만 원
허혈성심장질환(또는 급성심근경색증) 진단비	3,000만 원
운전자 담보	(자동차 사고처리 지원금) 3,000만 원
	(벌금) 2,000만 원
	(변호사 선임비용) 500만 원
일상생활 배상책임	1억 원
골절 · 상해 진단비와 수술비	30만 원
7대 · 20대 질병 수술비	100~250만 원
일반사망보험금	1~2억 원

사람은 아파서 병원비가 많이 나가면 재무적 위험이 발생될 수 있으니 상대적으로 보장성보험을 든든하게 가입할 필요가 있다.

둘째는 보장 항목과 금액을 고려하는 것이다. 나는 위 보장은 꼭 있어야 하고, 이외에는 선택사항이라고 생각한다.

맞춤형 리모델링 포인트 ② 본인이 필요성을 느끼지 않는 종신보험 정리

의뢰자는 사망보험금에 대한 필요성을 느끼지 못하고 있기에 종신보험의 해약이나 감액완납을 권한다. 2대 질병에는 보장범위가 좁은 뇌출혈이 있는데 의뢰자가 가입한 실손보험에 이보다 더 넓은 범위를 보장해주는 뇌졸중 담보가 있어 굳이 필요하지 않다. 더욱이 입원특약과 수술특약은 갱신형이다.

현재 종신보험 포트폴리오

특약명	가입금액	보험기간	납입기간	보험료
주계약	8,000만 원	종신	20년	9만 4,600원
재해상해	2,500만 원	50년	20년	2,510원
재해치료비	1,000만 원	50년	20년	4,820원
2대 질병	2,000만 원	50년	20년	2만 4,600원
입원특약(갱신형)	3,000만 원	50년	20년	3,300원
수술특약(갱신형)	2,000만 원	50년	20년	1,800원
합계				13만 1,630원

맞춤형 리모델링 포인트 ③ 비싼 운전자보험 정리

운전자보험은 자동차사고처리지원금(3,000만 원), 벌금(2,000만 원), 변호사선임비용(500만 원) 등 세 가지만 있으면 되며, 이렇게 핵심 담보만 가입할 경우 최소 보험료는 1만 원이면 된다. 더욱이 이 세 가지 담보는 기존 실손보험에 추가할 수도 있다. 이 경우 실손보험에서 5,000~6,000원만 더 내면 된다. 운전자보험의 보장내역을 보니 입원일당, 골절진단비 등 기존에 가입한 실손보험에서도 보장해주는 내역들이 많아 중복 문제가 발생된다.

그리고 적립보험료가 2만 3,000원이나 들어가 있다. 설계사는 만기 때 환급을 받을 수 있다고 했다 한다. 허나 물가가치가 떨어지는 50년 뒤에 환급금을 받는 것이 무슨 의미가 있을까. 차라리 이 돈을 아껴 채권혼합형펀드에 20년간 투자하는 것이 훨씬 낫다고 본다. 보험료 비싸고 보장의 중복문제도 있으니 해약 후 실손보험에 핵심 담보 세 개를 추가하길 권한다.

현재 운전자보험 포트폴리오

담보명	가입금액	보험료
교통사고처리지원금	3,000만 원	3,999원
벌금	2,000만 원	405원
변호사선임비용	500만 원	170원
교통사고 부상치료비	20만 원	6,066원
일반상해입원일당	3만 원	4,830원
자동차사고입원일당	7만 원	1,650원
상해중환자실입원일당	10만 원	2,190원
골절진단비	30만 원	3,370원
골절수술비	30만 원	1,200원
화상수술비	20만 원	6원
화상진단비	20만 원	114원
보장보험료 합계		2만 4,000원

맞춤형 리모델링 포인트 ④ 갱신형 건강보험 정리

6년 전 가입한 건강보험은 지난해 첫 갱신 때 보험료가 약 20% 상승했다. 앞으로 37년간 5년마다 인상되는 보험료를 계속 내야 할 수도 있다. 보장도 기존 실손보험·종합보험과 겹치는 부분이 많다. 정리해서 적립식펀드에 월납 5만 원으로 가입하는 게 나을 것 같다.

운전자보험의 핵심 담보 세 가지를 실손보험에 추가했더니 보험료가 8만 5,650원으로 5,650원 올랐다. 전체 보장성보험료는 월 15만 8,650원으로 대폭 줄었고, 월 급여에서 차지하는 비중도 6%로 낮춰졌다. 절감된 21만 9,180원은 연 4~8%의 수익이 기대되는 채권혼합형펀드에 10~20년간 납입할 것을 추천한다. 이 월 납입액이 15년간 연 6%의 수익률로 투자된다면 15년 후에는 약 5,730만 원의 쌈짓돈을 만질 수 있다. 이 정도면 고급 승용차를 사고도 남는 돈이다.

맞춤형 포트폴리오

분류	상품명	월 납입액	보장기간	납입기간	가입 연월	의견
보장성보험	종신보험*					해약, 또는 감액완납
	운전자보험*					해약
	건강보험*					해약
	실손의료보험*	8만 5,650원	100세	20년	2009.04	운전자 담보 추가
	종합보험	7만 3,000원	100세	20년	2012.08	
소계	15만 8,650원					
저축성 보험	연금저축보험	20만 원	종신	15년	2012.04	
총계	35만 8,650원					

*는 변경된 부분

수익률 낮은 펀드, 계속 유지해야 하나요?

상담 의뢰 내용

40대 남성인데 금융사 직원 말만 듣고 여러 펀드에 투자했다가 수익률이 엉망이다. 특히 원유와 금값이 많이 떨어졌다고 해서 2015년 7월 권유받아 가입한 원유펀드와 금펀드 수익률도 브라질펀드·러시아펀드의 수익률을 따라가고 있는 것 같아 속상하다. 환매하기에는 아깝고, 어떻게 해야 할지 모르겠다. 투자성향은 적극투자형이다.

맞춤형 리모델링 포트폴리오

다음 페이지의 표는 2015년 12월에 상담했던 한 고객의 펀드 포트폴리오다. 문제점을 하나하나 짚어보자. 첫 번째 문제점은 투자성향에 일치하지 않는다는 점이다. 고객의 성향은 적극투자형인 반면

현재 펀드 포트폴리오

펀드명	가입 연월	최초 투자금액	수익률
브라질펀드	2012.12	2,000만 원	–44%
가치주펀드	2014.11	2,000만 원	+9%
러시아펀드	2014.11	1,500만 원	–32%
WTI원유펀드	2015.07	1,600만 원	–27%
골드펀드	2015.07	2,000만 원	–9%
합계		9,100만 원	

가치주펀드를 제외한 모든 펀드들의 투자성향은 공격투자형이다. 해당 직원이 고객의 투자성향을 제대로 파악했다면 가치주펀드와 적극투자형에 가까운 배당주펀드의 비중을 50% 정도로 하고, 나머지 자금은 공격투자형과 위험중립형펀드 상품으로 추천해주는 것이 좋았다.

두 번째 문제점은 해외펀드의 비중이 높다는 점이다. 해외펀드는 분산투자 효과를 높이기 위해 전체 펀드 비중의 30~40% 이내로 가져가고 비중을 너무 높이지 않는 것이 좋다.

마지막으로 주로 한두 가지 테마에만 몰려 있다는 점이다. 브라질과 러시아는 신흥국이고, 원유와 금은 원자재다. 브라질과 러시아는 2013년 중반 미국중앙은행의 출구전략이슈가 불거지자 양적완화 정책으로 신흥국들에 투자됐던 달러가 미국으로 회귀할 것이라는 전망이 대두되면서 휘청이기 시작했다.

또한 미국이 금리를 인상하면 달러 값이 오르고, 달러 값이 상승하면 전반적으로 원자재 값은 하락하는 경향이 많다. 원유펀드 가입 당시 미국 WTI 원유지수는 50달러였고, 국제 금값은 1,170원 정도였다. 가입 당시 금융사 직원은 원유와 금값이 많이 떨어졌기 때문에 그때가 좋은 투자 타이밍이라고 했다. 하지만 머지않아 미국이 금리를 인상할 것이라는 전망이 많은 시점에 가격이 떨어졌다는 이유로 달러와 역상관관계인 원자재펀드를 추천하는 것은 맞지 않았다.

그렇다면 가입한 펀드들은 어떻게 하는 것이 좋을까. 이때는 급전이 필요한지, 펀드의 향후 전망은 어떤지, 현재의 수익률은 어떤지 등을 고려해야 한다. 급전이 필요하다면 플러스 수익률을 보이고 있는 펀드를 환매하고, 수익률이 모두 마이너스라면 향후 전망이 좋지 않은 펀드를 정리하는 것이 좋다. 만약 수익률이 -25%~-30% 아래라면 손실 폭이 너무 크므로 환매를 신중히 생각할 필요가 있다.

의뢰자의 경우 3,000만 원~4,000만 원 정도의 급전이 필요하니 우선 플러스 수익이 난 가치주펀드부터 환매하자. 가치주펀드 외에

맞춤형 포트폴리오

펀드명	가입월	최초투자금액	수익률
브라질펀드	2012.12	2,000만 원	−44%
가치주펀드*	2014.11		
러시아펀드	2014.11	1,500만 원	−32%
WTI원유펀드	2015.07	1,600만 원	−27%
골드펀드*	2015.07		
합계		5,100만 원	

*는 변경된 부분

는 모두 수익률이 마이너스다. 그리고 미국이 금리를 인상하면 모두 약세로 돌아설 만한 상품들이다. 이 중에서 손실 폭이 가장 적은 금 펀드의 환매를 권한다. 그 외 손실이 너무 커서 유지를 권했다. 금리 인상으로 수익률이 더 하락할 수는 있겠지만 이미 감당할 수 있는 손절 구간을 넘어섰기에 추가 급전이 필요하지 않다면 중장기 투자를 고려하자. 그러다가 미국 금리 인상이 마무리되는 시점에서 물타기를 하면서 떨어진 수익률을 만회하는 전략을 취하자.

유치원 다니는 두 자녀 교육비, 어떻게 마련하나요?

상담 의뢰 내용

5세와 6세의 연년생 자녀가 있는 주부로 아이들은 현재 유치원에 다니고 있다. 머지않아 초등학교에 들어가기 때문에 자녀 교육자금을 본격적으로 모아야 할 것 같다. 현재 가입한 적금과 펀드로는 부족할 것 같고 추가로 70만 원의 저축이 가능한데 자녀 교육비를 어떻게 모으는 것이 좋을지 모르겠다. 결혼자금까지는 지원해줄 의향이 없고 대학 등록금까지만 마련해주고 싶다.

맞춤형 리모델링 포트폴리오

자녀 교육자금 마련을 위한 포트폴리오를 설계하기 전에 기존 상품을 변경할 필요가 있다. 자녀 교육자금용으로 많이 가입하는 어린

현재 포트폴리오

월 급여	550만 원(남편)
재무목표	자녀 교육비 마련
투자성향	적극투자형
기존 가입상품	적금 40만 원
	어린이펀드 30만 원
	기타 금융상품 83만 원

이펀드는 해당 운용사의 대표 펀드를 모(母)펀드로 해서 그대로 가져오는 경우가 많아 운용전략이 일반 펀드와 별반 차이가 없다. 가장 중요한 수익률 면에서 두각을 나타낸 상품도 없으며, 운용수수료도 일반 펀드와 비슷하다. 경제캠프 등의 부가서비스가 있지만 혜택도 제한적이다. 어린이펀드를 환매한 후 과거 장기간 수익률이 좋은데다 향후 전망이 밝은 가치주펀드·배당주펀드로 갈아타길 권한다. 자녀 교육비를 마련하는 데 있어 더 이상 어린이펀드에 대한 미련은 버리자.

적금 40만 원은 자녀 교육자금보다는 다른 단기적 이벤트에 쓰고, 새로이 생긴 월 30만 원과 추가로 저축 가능한 자금 70만 원을 합한 100만 원을 자녀 교육비를 위한 재원으로 삼자. 적극투자형이므로 연 목표수익률을 7%로 잡고 100만 원을 14년간 불입하면 약 2억 5,000만 원의 목돈이 생긴다. 이 정도의 자금이면 대학교 등록금까지는 지원할 수도 있다. 100만 원에 대한 추천 포트폴리오는 다음 페이지의 표와 같다.

맞춤형 포트폴리오

가치주 · 배당주펀드	40만 원
개인종합자산관리계좌(ISA)	40만 원
어린이변액유니버셜보험	20만 원

이렇게 분산한 후 5년 단위로 끊어서 자금 집행을 해보자. 현재 자녀들이 6세, 5세이기 때문에 유치원 · 초등학교 때까지를 처음 5년, 이후 초등학교 · 중학교 때까지를 다음 5년, 그리고 중학교 · 고등학교 때까지를 마지막 5년으로 나누는 것이다. 우선 100만 원 중 40만 원은 가치주펀드 · 배당주펀드에 투자하자. 유치원과 초등학교 때 필요한 교육비는 이들 펀드의 부분환매로 생긴 자금으로 충당하면 된다. 이후의 5년은 교육비가 더 많이 들어가는 기간이기 때문에 ISA에 투자했던 자금과 적립식펀드의 적립금을 같이 활용하면 되겠다. 적극투자형에 맞게 ISA 계좌 내에서는 펀드와 ELS의 비중을 높이자.

마지막 5년은 교육비가 가장 많이 들어가는 중학교 · 고등학교 구간이다. 계속 불입하던 적립식펀드의 자금, ISA의 납입만기인 5년 이후 새롭게 출시될 비과세 상품이나 신규 상품에 5년간 불입하자. 그리고 이들 자금만으로 부족할 수 있으니 기타 현금 자산이 있다면 보태서 교육비를 충당해보자.

어린이변액보험을 각각 한 구좌씩 터서 10만 원씩 14년, 15년간 불입해보자. 10년 후 비과세 혜택이 주어지는 어린이변액보험을 자녀가 20세가 될 때 계약자 변경 기능을 통해 넘겨주고, 이후 자녀는 필요한 금액만큼 중도 인출해서 교육비에 쓰면 된다. 적립식펀드와 기타 상품에서 남은 적립금은 대학 등록금에 보태자. 변액보험에 들어가는 월 10만 원은 적은 금액일 수 있으니 추후 자금 여유가 된다면 추가 납입을 하면서 평균 사업비도 낮추고 적립금을 늘려나갈 것을 권한다.

ISA의 납입만기가 5년이기 때문에 만기 이후 이 상품을 대체할 다른 상품으로 5년마다 갈아타고, 적립식펀드와 어린이변액보험은 자녀가 대학교에 들어갈 때까지 유지하는 플랜이다.

사교육비 때문에 노후자금이 걱정이에요

상담 의뢰 내용

서울 강남구에 거주하면서 자영업을 하는 40대 후반의 가장이다(남편 47세, 아내 45세). 현재 중학생 자녀 두 명이 있는데 사교육비로만 매월 250만 원이 나가지만 지역 분위기상 줄이기도 쉽지 않다. 자녀 교육비 때문에 우리 부부의 노후가 걱정될 정도다. 외국에서 오래 살다 와서 국민연금을 낸 기간도 짧아 65세부터 매월 55만 원(남편), 45만 원(아내)밖에 받지 못할 것으로 예상된다. 더욱이 두 사람 모두 10년 후까지만 일할 것 같다.

각종 생활비와 공과금, 보장성보험료도 총 290만 원 정도 지출되어서 저축 여력은 100만 원 정도이고, 노후대비용 보험은 두 개만 들어놓은 상태다. 4,000만 원 정도의 여유자금이 있으며 수년 내에 크

자산·투자 현황

월 급여	750만 원(남편 520만 원, 아내 230만 원)	
재무목표	노후자금 마련(현재 가치로 월 300만 원)	
투자성향	남편: 적극투자형, 아내: 위험중립형	
기존 가입상품	공시이율저축보험	20만 원(60개월납)
	연금저축보험	35만 원(6개월납)
	적금	50만 원
	기타 보장성보험	총 45만 원

게 돈 나갈 일은 없다. 영어권 국가에의 단기 어학연수 등 지금까지 자녀교육에 많은 돈을 써왔지만, 앞으로는 노후자금 마련 쪽에 초점을 맞추고 싶다.

맞춤형 리모델링 포트폴리오

다소 과도한 자녀 교육비로 인해 노후가 불안한 대한민국의 대표적인 가구 중 하나다. 의뢰자가 말한 것처럼 가장 먼저 재무목표에 대한 처방이 필요하다. 지금까지 자녀 교육 쪽에 주로 초점을 맞췄다면 자녀 교육과 노후 대비를 병행하는 쪽으로 방향을 잡아보자. 일단 교육비는 월 수익이 늘어나더라도 앞으로는 월 250만 원으로 동결하자. 자녀들의 교육을 위해서 현재의 교육비를 줄이기보다는 향후 인상분을 억제하는 것이 좋을 것 같다.

그리고 노후자금 마련이 시급하니 이를 위한 선저축 후소비가 필요하다. 이를 위해 노후자금 목표금액을 달성하기 위한 월 최소금액을 산정해보자. 목표자금은 현재 가치로 월 300만 원이고 국민연금의 예상 수령액이 55만 원(남편)과 45만 원(아내)이니 저축 가능한 자금으로 새롭게 정한 재무목표 달성을 위해 효율적인 저축을 해야 한다.

그렇다면 기존 상품부터 변경해보자. 공시이율저축보험은 연금 전환 시 가입시점의 **경험생명표**가 아닌 전환시점의 경험생명표가 적용된다. 연금 수령 측면에서는 불리하기 때문에 환급률이 100%를 넘어서면 해약하자. 가입시점의 경험생명표가 적용되는 연금으로 갈아타고, 환급금으로 받은 돈은 채권혼합형펀드에 장기간 묵혀두자.

경험생명표

주로 보험사 피보험자의 실제 사망 경험치를 근거로 작성된 경험표. 성별 · 연령별 사망률을 분석해서 생명보험의 보험료 산정 기준으로 삼는다. 경험생명표는 보통 3년마다 바뀌는데, 그때마다 예상 연금수령액이 줄어든다.

연금저축보험은 매년 세액공제를 받는다는 장점이 있지만 연금 수령 시에 3.3~5.5%의 연금수령세를 뗀다. 한창 경제활동을 할 때 세금 환급이라는 보너스를 주지만 막상 연금수령액 측면에서는 그리 매력적이지는 못하다. 불입한 기간도 얼마 안 되기에 해약 후 변액연금보험으로 갈아타거나 기대수익률을 높여 연금저축펀드로 갈아타는 것도 좋은 대안이다. 일단 이 상품은 유지하는 것으로 하자.

의뢰자의 경우 4,000만 원의 여유자금이 있고, 수년 내에 크게 돈 나갈 일이 없으니 수익률 낮고 1년마다 갱신되는 예금보다는 헬스케어펀드 등 향후 유망한 펀드에 장기간 분할 매수할 것을 권한다.

공시이율저축보험과 적금의 해약으로 절감된 70만 원과 기존 월 여유자금 100만 원을 합치면 노후자금 마련을 위한 월 170만 원의 투자 포트폴리오를 짤 수 있다. 의뢰자의 노후대비용 추천 적립식 포

맞춤형 투자 상품 포트폴리오

변액연금보험	80만 원
가치주펀드	50만 원
헬스케어펀드	40만 원

트폴리오는 다음과 같다.

변액연금보험에 각각 40만 원씩 10년간 납입하고 65세부터 수령한다고 하면 남편과 아내가 각각 32만 원과 35만 원씩 종신으로 받을 것으로 예상된다(투자 수익률 6.5% 가정). 변액연금에 10년만 불입하는 것은 납입기간이 지나고 연금을 수령하기까지의 거치기간이 보통 최소 5년이기 때문이다. 따라서 연금이 개시되기 직전까지 연금보험료를 납입할 수는 없다. 또한 의뢰자가 10년 후 일을 그만두고 싶어 하기 때문이기도 하다. 변액연금보험에 처음부터 40만 원을 불입하지 않고 보다 적은 금액으로 시작했다가 추가 납입을 하면 예상 연금수령액이 더 늘어날 수 있다. 아내가 퇴직연금에 가입한 근로자라면 퇴직연금계좌인 IRP에 40만 원을 추가 적립해도 된다.

가치주펀드와 헬스케어펀드에 합산 90만 원을 납입해서 매년 평균 7%의 수익률이 나온다고 전제하면 10년 후에는 약 1억 4,611만 원의 목돈이 생긴다. 적립식펀드는 중도환매의 유혹을 떨치기 위해 아예 120개월납으로 가입하자. 10년 후 이 목돈을 8년간 굴리면 남편이 65세가 되는 해에 더 많은 돈을 얻을 수 있다. 목돈 투자는 거치식 투자이기 때문에 위험도를 낮춰 중위험·중수익 상품에 불입할

포트폴리오 변경 후 예상 연금 수령액

예상 연금 수령액	남편	아내
국민연금	55만 원	45만 원
변액연금	32만 원	35만 원
즉시연금	45만 원	45만 원
소계	132만 원	125만 원
합계(남편+아내)	257만 원	

것을 권하는데, 채권혼합형펀드와 같은 상품에 투자해서 연평균 수익률이 5%에 이른다고 가정하면 65세 때 이 돈은 2억 1,587만 원으로 불어난다.

현재 보유한 4,000만 원도 노후자금을 위한 장기투자에 활용해보자. 이 돈을 채권혼합형펀드에 불입해서 아내가 65세가 되기까지 연평균 5%의 수익이 나온다고 가정하면 18년 후 9,626만 원으로 불어난다. 이 금액을 2억 1,587만 원과 합산하면 3억 1,213만 원이 된다. 이 돈을 남편이 65세가 되는 시기에 월지급식 금융상품이나 수익형 부동산에 투자해 매월 생활비를 받아 쓰면 된다.

만약 가입 후 익월부터 평생토록 연금을 받을 수 있는 즉시연금에 불입한다고 하면 매월 약 90만 원의 연금을 받을 수 있다. 90만 원이라는 수치는 특정 회사의 즉시연금을 현재의 공시이율을 적용해서 설계한 것이며, 18년 후의 공시이율에 따라 매월 받는 금액은 달라질 수 있다. 단, 예상 연금액을 뽑아보기 위해 즉시연금에 대입했지만 즉시연금은 안전한 반면 수익률은 낮은 편이다. 때문에 추후 모인 목돈을 모두 이 상품에 불입할 것을 권장하지는 않는다. 그때 더 경쟁력 있는 상품이 있다면 그 상품에 불입할 것을 권한다.

남편과 아내의 상품별 예상 연금수령액은 앞 페이지의 표와 같다. 물론 내가 설명한 수익률이 그대로 나온다는 전제하의 수치다. 목표액 300만 원에 부족한 금액은 65세가 됐을 때 여유자금에서 충당하면 되겠다.

지금까지 기술한 노후자금 마련 방법을 요약하면 다음과 같다.

맞춤형 노후자금 마련 개선안

목표 노후자금 산정: 매월 300만 원
(은퇴 전 가구의 노후생활 월 평균 필요자금: 226만 원)

▼

노후대비 위한 기존 가입상품 확인
국민연금: 월 35만 원(남편), 32만 원(아내) 수령 예상

▼

기존 가입상품 변경
공시이율저축보험, 적금 해약

▼

노후대비 위한 투자 가능 자금 확인
적립식: 170만 원
(기존 여유자금 100만 원 + 기존 가입상품 해약에 따른 여유자금 70만 원)
거치식(목돈): 4,000만 원

▼

투자 단행
적립식: 연 수익률 6.5~7% 가정
거치식: 연 수익률 5% 가정

▼

10년 후 다시 거치식 투자

▼

65세부터 각종 연금 수령

투자 수익률, 더 올리고 싶어요

상담 의뢰 내용

40대 후반의 가장으로 투자 수익률을 높이는 방법을 고민 중이다. 최근에 상속자금을 받아 오피스텔 두 채를 사니 여유자금이 1억 4,000만 원 정도 남았다. 그동안 예금과 ELS 위주로 투자를 해왔는데, 전체적으로 자산이 늘어나다 보니 이 자금은 조금 공격적으로 굴리고 싶다. 투자금 중 5,000만 원은 3년 이내에 찾아 첫딸 어학연수 자금과 둘째 딸 대학 등록금으로 쓸 계획이고, 나머지는 오랫동안 굴려도 관계없다. 오피스텔 월세로 120만 원의 수입을 올리고 있으므로 월지급식 상품에는 크게 관심이 없다.

맞춤형 리모델링 포트폴리오

의뢰자의 경우 공격적인 투자를 원했고 투자 기간까지 정확히 얘기해줬다. 거치식 투자에서 단기와 중장기로 나누는 경우 단기투자는 가급적 본인의 투자성향이나 희망하는 투자성향보다는 위험도를 한 단계 낮추는 것이 좋다. 기간이 짧기 때문에 자칫 투자 초기에 큰 손실이 날 경우 만회할 수 있는 기간이 짧기 때문이다. 주식과 같은 공격투자형 상품에 5,000만 원을 투자했다가 3년간 원금 회복이 되지 않으면 원했던 만큼의 자녀 교육자금을 쓰지 못할 수 있다. 따라서 5,000만 원은 안정형, 위험중립형, 적극투자형 상품들에 두루 분산해서 투자하길 권한다.

중장기 투자를 하는 9,000만 원은 의뢰자의 투자성향에 맞춰 공격투자형 상품 위주로 추천한다. 다만 가장 큰 금액인 2,000만 원은 장기 하락세에 대한 대비 차원에서 위험중립형인 다른 채권혼합형펀드에 불입할 것을 권한다. 여러 상품에 골고루 섞어서 투자하되 국내와 해외의 비중은 2:1 정도로 하는 것이 좋겠다.

그리고 중장기 투자하는 자금 중에서 일부는 적립식투자를 위한 재원으로 따로 둘 것을 제안한다. 예를 들어 월납 50만 원을 36개월간 투자하기 위해 1,800만 원은 별도 CMA계좌로 돌린 후 그 계좌에서 36개월간 매월 빠져나가도록 하자. 이런 적립식투자는 최근 주가가 많이 오른 종목에 투자할 때 유용하다. 목돈을 투자했다가 주가가 크게 조정받으면 손실규모가 커지기 때문에 매월 분산하면서 위험을 분산할 필요가 있다. 그리고 그 대표적인 대상이 바로 헬스케어와 중국

맞춤형 포트폴리오

투자 기간	투자방식	국내 · 해외	상품군	투자금액
3년 이하	거치식	국내, 해외	원금보장형 ELB · DLB	1,000만 원
		국내	채권혼합형펀드	1,000만 원
		국내, 해외	지수형 ELS	1,000만 원
		국내	가치주펀드	1,000만 원
		해외	글로벌배당인컴펀드	1,000만 원
3년 초과	거치식	국내	채권혼합형펀드	2,000만 원
		국내	국내주식	1,100만 원
		국내	배당주펀드	1,000만 원
		국내	헬스케어 ETF	1,000만 원
		해외	중국주식	700만 원
		해외	해외주식투자전용펀드	700만 원
		해외	해외부동산펀드	700만 원
	적립식	국내	중국소비테마 ETF	900만 원
		해외	해외헬스케어펀드	900만 원
합계				1억 4,000만 원

내수 관련 종목이다. 매월 적립금이 빠지고 남은 돈은 CMA에서 안정적인 수익을 얻을 수 있다. 이 처방전을 정리하면 다음과 같다.

채권혼합형펀드는 최근 3~5년간 연평균 6% 수익이 난 상품을 포트폴리오에 가져오자. 원금보장형 ELB와 DLB는 해당 금융사가 망하지 않는 이상 원금은 무조건 보장되면서 최대 연 7~10%까지 기대할 수 있는 상품이다. 만기도 주로 1년 6개월로 짧은 편이다. ELS는 반드시 지수형을 선택하는 것이 좋다. 단, 중도상환 후에는 채권혼합형펀드나 만기가 짧은 ELB에 재투자하자. 지수형 ELS는 3개월이나 6개월마다 중도상환이 가능하다. 그런데 1년 후 중도상환한다면 그때 다시 3년 만기 상품에 가입할 경우 만기 때까지 중도상환이 불가능할 수도 있다. 그러면 지금부터 3년 후 시점에서는 그 돈을 자녀 교육비로 쓰지 못하게 된다. 가치주펀드는 최근 3~5년 동안 꾸준히 연평균 6~8% 이상의 수익을 낸 펀드를 담자. 글로벌배당인컴펀드는 전 세계 배당주와 채권 등에 고루 투자해 안정적인 배당 수익과 채권 이자 차익을 얻을 수 있는 것이 특징인 상품이다.

국내주식은 시장을 주도하는 대형주 두 종목, 성장성이 높은 중소형주 하나를 추천한다. 중장기 투자용으로 가장 많이 추천하는 상품 중 하나가 배당주펀드다. 향후 상장사들이 배당을 늘릴 것으로 기대돼 정책이나 사회 분위기를 잘 탈 수 있는 배당주펀드를 담아보자. 헬스케어 ETF는 국내 제약·바이오 기업들의 성장성이 높아 보여 적극 추천하는 상품이다.

중국주식 중에는 일대일로 정책과 환경, 보험, 헬스케어, 내수 쪽이 유망하다. 해외주식투자전용펀드는 상대적으로 안전한 미국과 유럽을 추천한다. 부동산 쪽에 관심 있는 사람은 해외부동산펀드를 추천한다. 해외 부동산에 투자는 하고 싶으나 방법을 모른다면 간접투자 상품인 해외부동산펀드가 제격이다. 중국은 향후 경제정책에서 내수 진작 쪽에 큰 초점을 맞추고 있다. 그런 정책의 가장 큰 수혜를 볼 수 있는 상품이 중국소비테마 ETF로 내수 진작 정책의 혜택을 받을 만한 국내 기업들로 구성돼 있다. 중장기 투자를 희망하는 사람에게 가장 먼저 추천하는 상품은 해외헬스케어펀드다.

이런 펀드는 과감히 정리하라!

전망이 밝지 않은 펀드

이런 펀드를 계속 놔둘 이유는 없다. 전망은 관리자의 의견이나 각종 미디어 자료를 통합한 후 본인이 판단하면 된다. 자본시장의 등락에는 어느 정도 공식화된 것이 있다. 가령 미국이 금리를 인상한다고 하면 달러 값이 올라가는 반면, 원자재 값과 신흥국 주식이 떨어진다는 것이다. 전망이 밝은 펀드를 갖고 있다면 추가 납입하는 것도 펀드 포트폴리오의 적극적인 리모델링 방법이다.

분산되지 않은 펀드 포트폴리오

지금 자신의 펀드 포트폴리오를 살펴보자. 주식형과 채권형으로, 그리고 각각에서 각 국가와 섹터별로 잘 분산돼 있는지를. 상담하다 보면 국내주식형펀드의 비중이 꽤 높다. 국내주식형이 해외주식형보다는 상대적으로 덜 위험하겠지만, 국내 증시는 글로벌 위기가 발발하면 늘 요동치기 때문에 국내주식형만으로 포트폴리오를 가져가는 것은 바람직하지 않다. 포트폴리오가 한 국가나 테마 쪽에 치우쳐져 있다면 국내외, 그리고 주식형과 채권형으로 고루 분산해보자.

성향에 어울리지 않는 펀드 포트폴리오

금융사에서 펀드에 가입할 때는 항상 적합성의 원칙 아래 투자자의 투자성향 조사 과정을 거친다. 이 성향 조사에 따라 투자자의 성향은 다섯 가지 유형 중 하나로 결정된다(2015년 12월 기준). 따라서 직원은 적합성의 원칙에 따라 투자자의 성향에 어울리는 펀드를 권해야 한다. 그럼에도 투자자의 투자성향에 맞지 않는 펀드 포트폴리오를 갖고 있는 경우가 종종 있다. 주로 고객이 투자성향에 아랑곳하지 않고 가입하는 경우가 많고, 직원이 성향 조사를 제대로 하지 않는 경우도 더러 있다. 투자의 기본을 지키는 측면에서 자신의 투자성향에 맞게 재편하는 것이 좋다.

관리자가 없는 펀드

은행이나 증권사 직원에게 펀드 가입을 권유 받았는데 해당 직원이 다른 지점으로 옮겨 펀드 관리를 받기 어려운 경우가 있다. 재무설계로 펀드 상담을 해주던 보험설계사가 다른 업종으로 이직해서 관리가 끊기는 경우도 종종 있다. 지금까지 수익률은 나쁘지 않은 상황인데 조언해줄 관리자도 없고, 향후 전망을 예측할 만한 자료를 찾기도 힘들고 예측할 자신이 없거나 시간이 없는 경우 과감히 정리하는 것도 좋다.

같은 유형의 펀드보다 수익률이 저조한 펀드

나는 같은 유형의 펀드보다 수익률이 높은 펀드에 가입할 것을 권했다. 따라서 같은 유형의 펀드보다 수익률이 2~3년 이상 계속 낮다면 환매를 고려해보자.

월별 현금흐름이 좋지 않을 경우 납입을 중지하라

계획적인 지출을 한다 해도 여행 경비나 경조사비, 갑작스러운 병원비 등으로 월 현금흐름이 안 좋아질 경우가 있다. 그리고 맞벌이에서 외벌이로 전환하는 경우나 퇴사 후 몇 개월 쉬는 경우에는 월수입이 줄어들거나 없으므로 적립식펀드에 계속 불입하기 어려울 수 있다. 이 경우 펀드를 환매할 수도 있겠지만, 자유적립식으로 가입했다면 납입 중지를 하거나 월 불입액을 줄여서 월수입 감소에 대응해보자.

당신의 재테크 최선입니까?

초판 1쇄 발행 2016년 3월 22일
초판 2쇄 발행 2016년 4월 15일

지은이 이재철 | **펴낸이** 신경렬 | **펴낸곳** (주)더난콘텐츠그룹

본부장 이홍 | **기획편집부** 남은영 · 민기범 · 허승 · 최보윤 · 이성빈 · 이서하
디자인 박현정 | **마케팅** 홍영기 · 서영호 · 박휘민 | **디지털콘텐츠** 민기범
관리 김태희 | **제작** 유수경 | **물류** 박진철 · 윤기남
책임편집 이성빈

출판등록 2011년 6월 2일 제2011-000158호
주소 04043 서울특별시 마포구 양화로 10길 19, 상록빌딩 402호
전화 (02)325-2525 | **팩스** (02)325-9007
이메일 book@thenanbiz.com | **홈페이지** http://www.thenanbiz.com

ISBN 978-89-8405-846-0 03320